环境污染
与生态破坏
责任论

On
the Responsibility
of
Environmental Pollution
and
Ecological Damage

窦海阳———著

社会科学文献出版社
SOCIAL SCIENCES ACADEMIC PRESS (CHINA)

目　录

前　言

随着我国经济、社会的高速发展，环境问题在现实中愈发严重，对该问题予以全面、深度的回应已成为社会的共识。在实践层面，我国对环境保护的重视随着历年来国家相关政策的逐渐强化而不断提升，并且在立法、行政、司法等相关管理层面及领域都做了不同程度的系统化变革。在理论层面，如何应对环境问题在各学科的研究体系中愈发显要。在法学领域，因环境事件的复杂性，对其危险的预防及损害后果的处理往往涉及民法、行政法、刑法等诸多学科，由此引起了法学界对这类事件如何予以法律规制的讨论，这尤其体现在环境侵权问题上，究竟是坚守民法传统，以传统进路进行处理，还是形成一个新的进路来应对？

从 20 世纪 80 年代开始，研究对环境污染以及生态破坏后果的规制大多是以民事侵权的方式为主要进路。这源于侵权损害赔偿制度具有成熟的体系，因此在过去 40 年应对环境问题时，它一直扮演着主导性角色。从 1986 年《民法通则》第 124 条到 2010 年《侵权责任法》第 8 章，再到《民法典》第 7 编第 7 章，以及相对应的司法解释，都规定了环境污染责任以及后来扩展的生态破坏责任。这些专门规定是解决环境问题最基本、最主要的规范。由此，在环境立法中，对损害后果的规定多援引民法规范。以最典型的《环境保护法》为例，1989 年《环境保护法》第 41 条规定，将造成环境污染危害的赔偿责任和赔偿金额的纠纷作为民事诉讼解决。2015 年修订的《环境保护法》第 64 条则更为明确地引致到《侵权责任法》中："因污染环境和破坏生态造成损害的，应当依照《中华人民共和国侵权责任法》的有关规定承担侵权责任。"此外，历年修订的《大气污染防治法》《水污染防治法》《海洋环境保护法》等都不同程度地将环境损害案件中所产生的赔偿责任和赔偿金额的纠纷作为民事纠纷解决。

以成熟的民事侵权体系来应对环境问题并无太大的实际性障碍，但是如果坚守传统的民事侵权概念以及规则去一概应对环境案件中的各种损害后果，是存在很大问题的。与普通民事侵权不同，污染或破坏行为造成的损害后果包括了多种性质迥异的类型。其中，有的环境污染范围小，加之生态系统的自净能力，对环境的消极影响微乎其微，仅对具体的民事主体造成可计算的损害后果。这种情况并不构成影响现代社会发展的环境危机，民事侵权损害赔偿机制完全可以应对。然而，在我国环境问题突出的当下，重大环境事故引发继而失控的损害后果以及长期活动积累形成的损害后果，致使地区环境退化，出现大范围生态失衡，并且对无法准确计算的人群造成规模性健康损害。针对此类环境损害事件，在实践中，基于民事侵权的传统思维，在认定损害对象以及采取救济方式时往往会出现偏差。

在损害认定上，如果以单个物的损害认定方式将生态环境损害等同于某一种环境要素标准的降低，那么就忽视了生态环境损害的整体性。与传统侵权法上的损害不同，对于生态环境损害而言，不能简单地认为损害仅表现为侵害行为的直接后果，也不能认为损害仅发生于侵害行为所直接针对的对象，而应考虑环境的系统性等特质，正确认识生态环境损害并进行妥当救济。在救济方式上，"修复生态环境"被视为民法"恢复原状"的一种特殊样态，但是在实践中，较之"恢复原状"，适用这种责任承担方式时面临诸多难题，两者也存在诸多不同。

除此之外，生活在受污染地区甚至更广范围的人群健康也会受到侵害。更重要的是，在很多情况下，环境污染对人体健康所造成的不利后果并非立即显现为每个人的疾病症状，而是对生活在污染环境中的人们产生潜在的影响，在一定程度上导致人体有关指标的恶化，造成健康隐患。基于不同的生活习惯、体质等因素，这种隐患对有的人而言可能转良。但是，随着有害物质的长期积累，这种隐患对更多的人而言则转恶成疾病，导致最终患病的人数不断增多。这种复杂的非健康状态无法仅依靠民法单一的判断标准，即以受害人个体实际发生的病症为损害。民法健康权所具有的消极属性以及事后救济的固有思维也会促使这种复杂情况向更恶劣的状况发展。造成目前困局的根源在于仅限于对健康权进行损害后的救济。即使在事后救济上，也是以民事侵权"一对一"损害移转为惯常的救济思维，未厘清与传统侵权损害救济的关系：要么完全依据于此，最终对事件予以回避；要么完全抛开，采取脱离法律的方式解决。由此可见，对于环境侵权导致大规模侵害群体健康的问题，不能再局限于传统侵权法的思路或者满足于临时性的救急措施，需要对这类事件的处理有新的论证。

针对上述问题，本书试以现行调整环境污染与生态破坏问题的法律规范群为基础，尤其是以新生效的《民法典》及相关司法解释为主要研究范本，对环境污染和生态破坏责任展开教义学研究。就此研究，本书拟采取类型化思维，即遵循类型的属种特征，在类型的基础上对相关的理论体系进行建构。这种方法根据研究对象的特征进行属种划分，并将具有类似特征的社会事实，依据一定标准划分，然后再在各个不同类型之间根据其内在要素的强弱、影响力的大小等组成体系。借助类型化方法，可以辨析不同的环境侵害行为和侵害对象。各类环境侵害行为和侵害对象的相似性可从质的层面来分析，事物属性的相似性可能是本质的，即表现为存在于事物内部且稳定的必然联系，但也可能是非本质的，表现为存在于事物外部且易变的偶然联系，为最大限度地保证结论的可靠度，就需要探寻出事物的本质属性并加以类比。在此基础上，还可以进一步判定不同的侵权法律关系。侵权法律关系决定了法律的适用、责任的分配等问题。法律关系的适用，实际上就是对案件事实的认定。把某种生活事件纳入某一种类型之中，是一种评价概括式的归纳总结。这种思维方法并不是一种定义方式，而是对法律规范所面对的对象进行分门别类，进而使法律规范不再抽象化。

在类型化思维引导下，本书拟采用实证研究方法。已有理论研究成果多为比较法借鉴或纯理论演绎，尽管近年来有些案例研究，但比较多的是把某个案件当作引子，相关分析基本脱离案情；有些个案研究比较深入，但缺少从纵向或横向的角度对类似案件做总体分析。这样的研究成果欠缺对实践现状的综合反映及对实践需要的切实应对，不能真实地反映环境司法的现状，无法发现中国环境司法中存在的真正问题，难以为司法实践提供理性指引。目前关于环境侵权类型的认识较为混乱，难以适应实践的需求。在处理环境侵权案件时，相关案由被法官虚置不用。即使引用，也无法准确适用。这在很大程度上源于类型化只注重理论的演绎与逻辑的推理，而忽略了应当立足于现实，从司法判例中寻找素材。对环境污染与生态破坏责任类型的确定应当在考察法条在司法适用中具体情况的基础上进行重构，据此确定实证法中的类型。

基于上述对问题的提出、研究背景的梳理以及研究方法的选择，本书将论证分为以下五个部分展开。

第一章主要论述环境侵权问题的特性与法律对此特性的回应。环境侵权问题较之其他侵权事件更具复杂性，其在一般侵权构成基础上展现出诸多特殊之处，这就给损害的认定、因果关系的判定、责任承担方式的选择与确定，乃至整个侵权构成体系都带来新的挑战。这部分将探讨环境侵权问题的复杂性以及由此引申出的不同案件类型，从而使得法律需要做出不同的应对。对此，强调对环境事件的规制需要不同法律领域协同，但这种协同不能以牺牲该法律领域所秉持的主旨以及体系为代价。

　　第二章主要论述环境污染与生态破坏责任的一般构成。讨论确定此类责任所需的与一般侵权责任相一致的通常要件。其中包括关于环境污染与生态破坏责任归责原则的无过错责任基础，以及各类环境标准在确定责任过程中所发挥的功能；环境污染行为与生态破坏行为涉及的不同领域以及在具体案件中表现的不同特性；民事个体在环境侵权中所受之损害与相关侵权责任，尤其是群体性健康受损的处理；《民法典》新规定的惩罚性赔偿如何具体适用等。

　　第三章主要论述环境污染与生态破坏责任的特殊构成。讨论《民法典》所确立的"违反国家规定"要件的基本内容以及范围；与通常的个体性损害不同，生态环境损害具有诸多特殊之处，"差额"损害理论如何适用于生态环境损害的判断和界定，其损害基点如何确定；修复责任与恢复原状有何关联与差异，如何妥当适用生态环境修复责任；在环境损害发生后，赔偿包括哪些具体项目；关于生态环境损害诉讼的性质、适用以及与其他类别诉讼的协调等。

　　第四章主要讨论环境污染与生态破坏责任的举证规则。讨论环境侵权因果关系等待证事项所具有的特殊性；环境侵权中举证责任所设置的特殊规则之基础与适用；在诉讼中被侵权人的举证事项、侵权人的举证事项，其中涉及的初步证据、"关联性"等具体问题；法官的"相当性"裁判以及相关因果关系理论的具体适用等。

　　第五章主要讨论环境污染与生态破坏责任中的多人侵权与第三人过错问题。讨论在一般侵权中有关于多人侵权与第三人过错的一般规定，而在环境侵权中这两个问题具有较多的特殊性，如何认定多人环境侵权、如何分配多人之间的责任等；第三人过错在环境侵权中所处的作用，如何处理第三人责任与直接致害人的责任等。

第一章　环境侵权问题的特性与法律回应

一　环境侵权问题的复杂性与案件类型的多元化

较之其他侵权类型，环境侵权涉及私益、公益的损害，跨越公法、私法的典型领域。有的环境侵权范围小，加之生态系统的自净能力，对环境的消极影响微乎其微，仅对具体的民事主体造成可计算的损害后果。这种情况并不构成影响现代社会发展的环境危机，传统的侵权损害救济制度完全可以应对。然而，在我国环境问题突出的当下，重大环境事故引发继而失控的损害后果以及长期活动积累形成的损害后果，致使地区环境退化，出现大范围生态失衡，并且对无法准确计算的人群造成规模性健康损害。这类事件是现实的，同时也具有极强的建构性，引起了社会全体的关切，对大众心理造成极大的冲击，从而对国家政策、法律法规的价值选择、规则设置产生了重大影响。因此，对于不同的环境侵权类型需要做出不同的规则建构与应对。

在实践中，环境侵权体现为诸多不同情况的案型，由此所涉及的损害认定、救济方式、诉讼程序等问题都有所差别，具体如下。[①]

---

① 在实践中，环境侵权案件的类型化现状难以满足案件妥当裁判的需求。现行适用的《民事案件案由规定》对环境侵权案件的分类无法起到准确指引和区分处理的作用，法官要么虚置不用，要么无法准确适用。之所以目前适用的《民事案件案由规定》对环境侵权案件的分类无法起到准确指引和区分处理的作用，其主要原因也就在于未能考察案件的实际处理情况，以所设想的分类，而非经过考证的事实，对司法进行先验性的区分指导，（转下页注）

1. 环境污染导致个人的人身权、财产权损害的案件

环境侵权案件中的损害都是经由环境媒介产生的，首先直接作用于环境，导致生态环境系统出现问题，进而对生活于其中的人的人身、财产产生不利影响。因此，每个案件中都必然涉及对生态环境的侵害。不过，环境污染有影响范围的大小之分，而且环境本身具有一定的纳污能力和自我修复功能，比如受污染的河水经过一段时间的流淌，受污染的大气经过一段时间的流动，如果影响范围较小、污染程度较低，那么污染会被自动清除，环境会自我恢复。在这类案件中，生态环境本身的损害并不明显或者随即被弥补，因此对生态环境本身损害的补救没有必要。[①] 这类案件大多属于影响范围较小，不会对生态环境造成大范围、长久损害的情况，如小范围的环境污染纠纷、相邻污染纠纷、噪声污染纠纷等。由于环境污染行为造成了受害人人身、财产权益的损害，受害人可以对此以民法的救济规则主张损害赔偿等救济。

另外，需指出的是，从实践来看，没有生态环境损害而仅发生个人的人身权、财产权损害的情况，通常不会发生在生态破坏行为中，因为生态破坏的后果需要恢复的时间较为长久，即使是通过人力进行治理，也难以在短时间内恢复。而且，只有大范围的破坏才能造成环

（接上页注①）最终在具体的实践中被虚置。类型化应从司法实践中具体发生过的判例出发进行考察，以达到对生活事实和具体个案的妥当提炼与归纳。对既存之具体事物归入共同的集合，各集合以同样的方式利用愈来愈一般的概念，构成涵盖愈来愈集合的自下而上的类型化方法。经过对现实案例中的事实进行提炼与归纳，总结出共同的要素，由各个关键的要素结合组成类型。这些要素被吸收到法律中就成为具体条文的规范构成，从而对不同类型做出不同的调整。因此，要对一个类型进行完整的说明，必须回溯到组成该类型的构成要素，依赖于对其组成要素的逐个具体阐释，并在此基础上妥当把握各要素之间的关联，才能形成该类型的整体形象。参见黄茂荣《法学方法与现代民法》，中国政法大学出版社 2001 年版，第 434 页以下。

① 比如在"中华环保联合会与无锡蠡管委环境侵权案"中，蠡管委未经审批占用 17477 平方米林地未造成原有生态的显著损害。因此，法院仅要求无锡市蠡管委会完成改变用途的申报程序，并未认定造成环境公益的损害。参见江苏省无锡市滨湖区人民法院（2012）锡滨环民初字第 0002 号民事判决书。

境效能的降低、生态的失衡、资源的枯竭等后果。如果仅是小范围的破坏，则仅构成该范围内权利人财产的损失。因此，在生态破坏行为的情况下，不会发生仅有受害人的人身权、财产权损害的环境侵权案件。

2. 环境污染或生态破坏导致生态环境本身损害的案件

在环境污染案件中，污染事件发生在公共区域，比如高速公路、公共河流、海域等，承担环境保护或公共管理职责的机关对污染物及时清理，没有直接导致私益的损害。在生态破坏案件中，只有公益损失，是否会带来私益损失尚不确定或者不涉及私益。比如对公共森林及植被的破坏、大范围挖掘矿山破坏山体、生物多样性破坏等，虽然这些破坏可能最终会对当地居民或者整体社会的生存和发展带来毁灭性影响，保护这些生态环境关系到当代人和后代人的共同利益，却无法将这种利益归于个人。这就形成了环境污染或生态破坏仅产生生态环境本身损害的情况。在这种情况下，不涉及个人的人身权、财产权的损害。在损害的认定上有其特殊之处，有的部门专门对生态环境损害做出了界定，比如原环保部发布的《环境损害鉴定评估推荐方法》（第Ⅱ版）就在第4.5条专门规定了"生态环境损害"，即"指由于污染环境或破坏生态行为直接或间接地导致生态环境的物理、化学或生物特性的可观察的或可测量的不利改变，以及提供生态系统服务能力的破坏或损伤"。

另外，在损害的救济上也有别于民事主体个人的人身权、财产权损害的救济，尤其是以修复为主。最高人民法院于2016年7月发布的《中国环境资源审判》白皮书中强调，"各级法院以尽可能将受到损害的生态环境修复到损害发生之前的状态和功能作为环境资源审判的最终目标，落实以生态环境修复为中心的损害救济制度，促使责任人积极履行生态环境修复义务"。较之民法中的"恢复"，对生态环境的修复不再是针对某个具体的物品，而是面对一个由多种环境要素协调运行而组成的动态系统。这种修复既要对单个环境要素的物理、化学、生物特性的不利改变做出应对，更要注重对被破坏的整个生态系统稳定、平衡状态的恢复。因此，对生态环境损害的"修复"应当在"恢复原状"基础上做出更多的专业性、特殊性考虑。

3. 环境污染或生态破坏导致个人人身权、财产权与生态环境本身损害的案件

在这类案件中，既有个人人身权、财产权的损害，又有生态环境本身的损害。因此，应当在损害事实的确定、责任承担方式等方面做双重考量，尤其是如何处理私益保护与公益保护的关系。《最高人民法院关于适用〈中华人民共和国民事诉讼法〉的解释》第288条规定："人民法院受理公益诉讼案件，不影响同一侵权行为的受害人根据民事诉讼法第一百一十九条规定提起诉讼。"《最高人民法院关于审理环境民事公益诉讼案件适用法律若干问题的解释》第29条则进一步具体规定："法律规定的机关和社会组织提起环境民事公益诉讼的，不影响因同一污染环境、破坏生态行为受到人身、财产损害的公民、法人和其他组织依据民事诉讼法第一百一十九条的规定提起诉讼。"从司法解释来看，两种诉讼并不冲突，依据各自的规则可以分别提起公益诉讼和私益诉讼。

二　针对环境侵权事件的公私法协同应对与《民法典》的任务

（一）环境侵权问题社会背景的变化

在传统社会背景下，环境侵权问题并不突显，单靠传统民法的侵权制度完全可以解决。但是，在现代社会背景下，环境侵权事件引发了一系列社会危机，其背景在于社会转型。"风险社会"是对工业社

会否定性转型认知的基础理论。在工业社会中，人类知识所内含的乐观态度没有把风险导向失序，而是以科学理性将其视为可控风险。[①]对此认知应予反思。就风险社会而言，风险具有现实性，即人类运用知识与技术改造，使工业化引起了大量风险。就环境领域而言，环境事件频发、生态退化和环境公害负面后果不断叠加，已严重到始料未及的程度。[②]当然，对风险社会现实性的理解不能片面化，不能将其限定为那些导致工业社会的控制逻辑失效的风险。[③]这里的风险并非仅仅是多起突出的环境事件，而是具有普发性，没有时空等因素的限制，已造成了整个社会思考方式的转变，在很大程度上对传统社会秩序的基本假设提出了质疑。

由此，引出了风险社会另一方面更重要的特质，即建构性。风险社会的风险成为具有威胁性的未来，对当前行为产生了深远影响，直接或间接地与文化定义和生活是否可容忍的标准联系在一起。[④]关于风险的感知与接受的讨论都跟是否对风险的选择相关，而这一选择受社会因素的控制。因此，"风险"与"公众定义的风险"是一回事。[⑤]政府对环境问题的决策，不仅取决于现实风险本身，而且会更多地受到公众关于风险感知与接受的影响。人们希望通过一个个具体制度的设置来控制风险，但又产生了一个悖论，即用以控制风险的制度，反而成为造成更多不确定性风险的来源。这就是所谓的"人为制造的不

---

① 参见〔德〕乌尔里希·贝克《世界风险社会》，吴英姿、孙淑敏译，南京大学出版社 2004 年版，第 67 - 77 页。

② 参见〔德〕乌尔里希·贝克、约翰内斯·威廉姆斯《关于风险社会的对话》，薛晓源、周战超编《全球化与风险社会》，社会科学文献出版社 2005 年版，第 303 - 304 页。

③ 关于风险社会的认识，在我国存在诸多偏颇。参见劳东燕《风险社会与变动中的刑法理论》，《中外法学》2014 年第 1 期。

④ 参见〔德〕乌尔里希·贝克《世界风险社会》，吴英姿、孙淑敏译，南京大学出版社 2004 年版，第 174 - 190 页。

⑤ 参见〔德〕乌尔里希·贝克《再谈风险社会：理论、政治与研究计划》，芭芭拉·亚当等编著《风险社会及其超越：社会理论的关键问题》，赵延东等译，北京出版社 2005 年版，第 321 - 333 页。

确定性"。① 因此，风险社会的重心不仅在于现实风险的增多，更在于这种风险的突显在整个社会中造成的危机感左右了公共思想。社会成员普遍具有的不安全情绪使社会对安全的诉求非常强烈。由此，在政治层面就产生了以此为基调的政策，并影响了各项制度的走向。

中国社会当下面临着环境损害事件突显与频发的社会现实，"环境污染严重、生态系统退化的严峻形势"已成为社会共识并见诸党和国家的各种正式文件中。当然，与西方国家不同，中国当下社会转型更为复杂，混合了从传统社会到现代社会以及从工业社会到风险社会的转型。但无论如何，中国正在步入风险社会是需要面对的现实。这种现实已经引起了社会的普遍关注，并由此对国家政策的导向产生了深远的影响。十四大报告仅以一句话简要地提出"加强环境保护"。十五大报告在"可持续发展战略"中提出了环境保护问题。十六大报告将生态环境改善当作小康社会的奋斗目标之一。到了十七大报告，对环境问题的重视不仅体现在"科学发展观"指导思想中，而且提出了建设生态文明目标。十八大报告则首次以专门章节提出"大力推进生态文明建设"，将其确立为基本国策。十九大报告在此基础上同样以专门章节提出"加快生态文明体制改革"，并要"建设美丽中国"，生态文明建设被提高到"中华民族永续发展的千年大计"的地位。从主导中国社会发展方向的历次中国共产党全国代表大会的报告中，可以清晰了解到决策者对环境问题逐渐重视，从局部保护不断上升到建设"千年大计"的层面。由此可见，正是对"风险社会"的逐步接受，才使得决策者在环境领域逐渐将环境问题从经济发展中的一个小问题对待，提升到关系社会存亡的大问题关注。

政策的根本改变为相关环境问题的法律思维以及规范设置提供

---

① 参见〔德〕乌尔里希·贝克《再谈风险社会：理论、政治与研究计划》，芭芭拉·亚当等编著《风险社会及其超越：社会理论的关键问题》，赵延东等译，北京出版社 2005 年版，第 329 页。

了前提。这种前提具有多方面的意义：一是在基础层面，为环境问题提供全局性支持，避免零碎化；二是从制度设计角度，倡导对环境问题做特殊化、专门化应对，对普通化、简单化的解决模式予以扬弃；三是反映了社会大众共同应对环境问题的团结心理，同时又进一步加强了这种团结性；四是防控风险、避免环境损害的发生是环境保护的优先策略，但是风险的不确定性在很大程度上超出了人类理性的认知，具有不可控制性。因此，对损害后果的救济也是必备之选。

（二）应对生态环境损害的模式

从比较法来看，生态环境利益作为公益，如何与民法以私益保护为中心的法律体系相协调，各国在做法上也有所区别。围绕生态环境损害的救济，常见的应对模式大概分为两种：一种是以公法规制为主导的模式，即对环境侵权人施加预防损害发生及扩大和修复环境的义务，并以行政强制或行政处罚来保障生态环境损害的修复；另一种是以私法调整为主导的模式，即政府或其他组织并不先行诉诸行政义务体系，而是直接对环境侵权人提起民事诉讼，要求后者采取生态环境修复措施或提供赔偿。对此，我国学者虽有不同的选择，但较为一致的是，认识到环境侵权问题的复杂性而主张公私法协同应对。只不过，有的主张建立公法主导的生态损害救济制度，私法救济在公法框架建立前或无法适用的情况下，可发挥补充作用；[①] 而有的则主张，在私法救济方面，将公法所体现的价值判断引入民法中，并且扩张民法中的损害概念，使受害人得以依托既有私权，主张生态环境的恢复。这样一方面不至于发生体系的龃龉，避免了公共利益私有化的理论困境，另一方面也有助于市民社会的形成，弥补公法的不足。在公

---

① 参见刘静《论生态损害救济的模式选择》，《中国法学》2019 年第 5 期。

法救济方面，将其规定为公法上的请求权，而非必须通过民事审判程序实现损害赔偿，否则此种替代的意义不大，既无法发挥行政的效率优势，也无法促进公民环保意识的增强。对此，解决方案是尽可能强化诉前磋商的作用，通过诉前磋商，及时、高效地实现生态环境损害的赔偿与恢复。①

虽然一国生态损害救济体系常常混合了两者，但在不同的法律传统和制度背景之下，公、私法模式所占比重差异很大。② 公私法应对环境事件也各有优劣。公法应对环境事件具有直接、便捷等优势，但是由于各种因素的限制，公法规制往往是不充分的。采取公法手段往往需要有法律明确规定的处罚权限，在应对灵活多变的现实问题时难免捉襟见肘。环保等行政机关在解决环境事件时出于种种原因会出现"失灵"的现象，行政不作为的情况也时有发生。虽然公法机制中设置了公众参与、信息公开、司法审查等手段，但由于受多种因素影响，其不能有效解决上述问题。面对复杂的环境问题，单一的公法机制会导致行政机关难以胜任，无法妥当解决层出不穷的环境问题。私法机制最大的优越性在于其自治性，民事主体积极追求自我权利，在遭受损害时更是如此，这样对于调动个人的主动性、积极性具有重要意义。具体到环境问题的应对上，个人利益的实现与环境的保护以及优化呈正相关。私法对环境的保护以个人利益为直接内容，通过利益驱动机制，促使被侵权人追求自身利益，并在侵权责任的确认、救济、预防等问题上具有成熟的理论和实践体系，从而使环境问题得以解决。其解决机制也可以为公共机构主张环境公益损害提供有效的方案。但不可忽视的是，私法主导的救济方式在实现修复生态环境这个目标方面并没有良好的效果，法院在认定生态环境损害事实、决定救

①　参见冯洁语《公私法协动视野下生态环境损害赔偿的理论构成》，《法学研究》2020 年第 2 期。

②　参见马强伟《德国生态环境损害的救济体系以及启示》，《法治研究》2020 年第 2 期。

济方式、监管修复行为和赔偿金使用方面的专业性都存在不足，案件救济以损害赔偿及支付修复费用为主。即使要求进行修复，也常表现为缺乏适当履行方式的"空判"。以私法为主导的救济方式是把执行问题转嫁给私人，由私人在获得赔偿后再恢复环境利益，由此可能带来的执行不足问题是私法救济不可避免的。由此可见，公私协同一致应对环境事件是必然趋势，不论采取何种模式，最终要实现的目标均是更有效地实现对生态环境损害的救济。

（三）《民法典》对环境侵权救济的回应与限度

受"生态化"的影响，学者认为在考虑环境保护时，应促进民法从加害人保护向受害人保护倾斜。一方面，侵权责任对加害人赔偿责任的追究耗费大量社会成本，使受害人难以获得及时、充分的救济，因此有必要与社会保险、社会救济相衔接，形成综合补偿机制。[①] 另一方面，传统侵权法对大规模环境侵权事件的预防收效甚微。由此，侵权法越来越强调对损害发生的预防功能，即从防止原则到预防原则，针对一些新型的环境损害，在欠缺确凿科学证据情况下应事先采取风险预防措施。这就意味着注意的重心不再是竭力避免已知的某一风险的发生，而在于采取措施防范某一不确定风险的发生。[②] 细究而言，上述两方面变化实际上已经不是侵权损害救济制度本身的"生态化"，而是借助外部的手段来弥补侵权损害救济制度在此方面的缺陷，这些手段并不属于侵权损害救济制度范畴。

就第一方面而言，环境灾难属于社会性事件，损害后果通常不能完全归咎于某个人。同时，这些领域中的侵权人和被侵权人之间的界

---

① 参见张俊岩《风险社会与侵权损害救济途径多元化》，《法学家》2011 年第 2 期。
② 参见王利明《民法典的时代特征和编纂步骤》，《清华法学》2014 年第 6 期；石佳友《治理体系的完善与民法典的时代精神》，《法学研究》2016 年第 1 期；叶名怡《论侵权预防责任对传统侵权法的挑战》，《法律科学》2013 年第 2 期。

限模糊，双方都是受害人的情况也并非罕见。环境损害事件经过日益积累后上升为不同群体之间的社会冲突，最后引发激烈的社会运动。对此类问题的解决采用的是"集体而非个人的方法"，从受害人救济出发建立各种制度的协作关系。侵权损害制度镶嵌其中，事实上已经成为一种剩余的补偿制度。① 在现代社会出现的严重环境损害事件，因其复杂的特质已经脱离原有领域和体系，侵权损害救济制度发挥作用的场合在不断缩减。这些事件开始进入公共决策视野，由此发展了责任保险、社会救济等制度，而各种社会救济基金和责任保险兼有公法救济和私法救济的色彩，在环境损害领域就出现了从个体性救济向社会性救济的发展轨迹。

至于侵权法的预防功能，其与一般法律规范所具有的抽象性预防功能并无区别。其基本的目的是使当事人所受损害得到赔偿，通过损害赔偿诉讼的处理来遏制不法行为，实际上说明预防只是损害赔偿所反射出的功能。《环境保护法》第 5 条的"预防为主、综合治理"基本原则在学理上的表述也是预防原则，但其实际意旨在于对利用环境行为所产生的环境质量下降或者环境破坏等事件应当事前采取预测和防范措施，以避免、消除由此可能带来的环境损害。因此，以预防原则为指导的是各项环境管制法律制度。民法中的预防原则再扩展也难以企及环境法预防原则的效果，因为预防环境损害事件的发生是公法领域要完成的一项根本任务。

回应社会现实的需求是《民法典》编纂要解决的问题。但是，如何面对环境侵权问题的复杂性，是《民法典》具体设置时需要具体考虑的。法典之所以为法典，就是因为其所具有的体系性。全国人大常委会法制工作委员会在向全国人大常委会做"关于《中华人民共和国民法总则（草案）》的说明"时曾明确表示，编纂《民法典》的任务

---

① 参见张铁薇《侵权责任法与社会法关系研究》，《中国法学》2011 年第 2 期。

是对民事法律规范进行系统、全面整合，编纂一部内容协调一致、结构严谨科学的法典。① 由此可见，对民事规范进行体系化是《民法典》编纂者的初衷。就《民法典》"侵权责任编"而言，其是从《侵权责任法》等法律及司法解释中提炼出体现侵权法律关系特质并具有应用性的规范，使之达到"科学立法"的要求，从而实现侵权法规范的体系化。②

在现代法律体系中，侵权法规范因其所具有的显著实用性而急剧扩张，基于实践的复杂性以及时代发展的不确定性等原因，其规范系统所体现的价值存在模糊甚至对立之处。这在我国法律中体现得更为明显并具有特殊性。我国民法原本就夹杂了诸多公法规范，在侵权法扩张的大背景下，《侵权责任法》的私法属性更不明晰，过度展现了多元功能，试图成为"救济兜底法"。在形式上，以总结立法经验为由，各种可能相关的规范都被纳入其中，价值融合问题有欠斟酌，体系的逻辑性要求也没有全面考虑，从而导致规范的重合、形式的烦冗。这些问题已经屡次被学者们指出。③

尽管《民法典》的编纂面临着多元化扩展，但是，若将不同的价值目标全盘纳入，其内容将会变得驳杂不堪，在体系构建上也非常困难，多元价值可能影响乃至失去其作为一般规则和价值提供者的指引性。④ 侵权法规范仍应在价值上保持基本目的和功能，以此为基础构建一般且稳定的结构，妥善协调范围拓展的趋势，同时消除体系内部的逻辑矛盾，达到法条之间的融贯，形成整体与部分、部分与部分之

① 参见扈纪华编《民法总则起草历程》，法律出版社 2017 年版，第 134 页。
② "科学立法"不仅体现在《立法法》第 6 条中，而且多次为中央政策文件提出。参见全国人大常委会办公厅、中共中央文献研究室编《人民代表大会制度重要文献选编（四）》，中国民主法制出版社、中央文献出版社 2015 年版，第 1408 页。
③ 参见孙宪忠《我国民法立法的体系化与科学化问题》，《清华法学》2012 年第 6 期；谢鸿飞《民法典的外部体系效益及其扩张》，《环球法律评论》2018 年第 2 期。
④ 参见茅少伟《寻找新民法典："三思"而后行——民法典的价值、格局与体系再思考》，《中外法学》2013 年第 6 期。

间的有机关联。这里需指出的是，基于我国的立法现状以及现代社会
的需求，完全"纯粹"的民法法典化无法实现，也不切合实际。但
是，在《民法典》中设置的侵权法规范体现民法的基本属性，相关规
范的集合符合体系化要求，这是应当做到的。

《民法典》"总则编"第 9 条将"保护生态环境"确立为基本原
则，该原则是民法社会化的新表现和新动向。① 它具有一种整体性限
制意义，即民事活动需要尊重生态环境保护这一重大社会价值。但是
对于民法来说，其绝不是以特殊的生态环境利益来取代个人利益保护
的定位，而是在必要时才做出的价值平衡。民法本身的任务仍然是为
个体的民事权益提供保护。具体到侵权损害救济制度，现代社会的复
杂性正在促使损害救济多元化发展，说服它向集体性方向靠拢。在现
代社会背景下，侵权损害救济制度所秉持的矫正正义理念要配合整体
性利益平衡。然而，私法正义所要求的"行为自由"是相关具体制度
应当维持的底线，侵权损害救济制度的调整机制应当保有此不可或缺
的价值功能，否则它将失去其本质属性。② 现代社会的损害救济制度
应当尊重各种损害事件之间的规范差异性以及由此呈现的复合功能，
以实现价值共融、损害共救。但是，无论多元救济机制在何种程度上
并存，侵权损害救济制度所应有的独立地位及其独特的功能是无法改
变的。因此，就整个法律体系来说，侵权损害救济制度的"生态化"
只是一种外围性适应，以对一些新的环境损害事件做出可能的应对。
基于其本身的功能定位等体系性限制，其无法触及环境危机的核心。
而这些外部性措施却可以在另一种价值的导引下成为一种独立于侵权
损害救济制度的新体系。

《民法典》第七编第七章专章规定了"环境污染和生态破坏责
任"。该章主要包括环境污染和生态破坏责任的调整对象、归责原则、

---

① 参见陈甦主编《民法总则评注》（上册），法律出版社 2017 年版，第 68－69 页。
② 参见龙卫球《〈侵权责任法〉的基础构建与主要发展》，《中国社会科学》2012 年第 12 期。

构成要件、举证责任分配、共同侵权、第三人过错，惩罚性赔偿以及生态环境修复等内容，总共七个条款。该章的内容，一方面承袭了《侵权责任法》第八章"环境污染责任"的既有规定，即第 65 条环境污染责任的一般条款、第 66 条举证责任特殊规则、第 67 条共同侵权和第 68 条第三人过错；另一方面回应了生态文明建设的政治要求以及生态环境保护的现实需要，在《最高人民法院关于审理环境民事公益诉讼案件适用法律若干问题的解释》《最高人民法院关于审理环境侵权责任纠纷案件适用法律若干问题的解释》等实践基础上做了立法上的创新性规定，即对环境侵权行为类型做了扩展，新增了"生态破坏"类型，并以《民法典》第 1234 条和第 1235 条专门规定了生态环境损害的后果以及救济方式。另外，还将惩罚性赔偿规则首次引入环境侵权责任之中。尽管该章所规定的环境污染与生态破坏责任是侵权责任的一种特殊类型，属于《民法典》第 1166 条"法律规定"的"不论行为人有无过错"的无过错责任类型，但是该章引入的生态环境损害以及修复等救济规则在一定程度上突破了原来侵权法针对个人权益进行保护和救济的体系。

《民法典》是民事法律规范的集大成者，但在现代社会，无论是在规则上还是在价值上，《民法典》的这一地位均已不可能固守。尤其是在"解法典化"思潮的巨大冲击下，《民法典》作为私法自治的基本法，意味着《民法典》不能是集大成者，而是为整个私法提供一套足以倚为基础的制度和规则、价值体系。对于《民法典》而言，重要的就不仅仅是有逻辑地体系化，或作一时的价值宣示，更要构建一个足够一般和稳定的结构，同时又能够通过种种渠道在规则和价值上与其他法律良好地沟通。① 在此基本定位下，《民法典》应当抛除脱离民法的根本、逸出过远的规则和价值。其目的并非排斥公共政策，

---

① 参见茅少伟《寻找新民法典："三思"而后行——民法典的价值、格局与体系再思考》，《中外法学》2013 年第 6 期。

让《民法典》脱离现实，而是通过普通特别的体系运作，让政策的调整得以集中在针对目标事物、团体而定的特别法上，以更好地达成政策目标。①《民法典》中"生态环境保护"这一目标的实现不能突破民法的私法本质属性，在调整手段和制度建构上不能超越私法的限度。在环境法体系中，应建立环境特别民法规范，适度运用私法手段，并实现与《民法典》的沟通与协调。

当生态环境问题已经突破《民法典》自身的界限时，其只能交由环境法处理。民事法律关系受大量不断变化的管制性法律法规的影响，《民法典》自身也必须能够提供其他通畅的渠道来调和公私法之间的关系。当《民法典》的"社会化"只能解决其射程之内的环境保护问题时，环境法必须认真考虑如何运用其综合调整优势，妥善处理好不同性质法律规范的关系。总体上看，环境法是立足于生态系统整体性、以公法调整为主的法律体系，注重环境与发展的综合决策和"山水林田湖草"综合管理、基于生态系统关联性的跨部门和跨地区统筹协调、基于生态系统服务价值属性的独立监督。但是，由于环境问题产生于自然资源的开发利用过程之中，是经济社会生活的"副产品"，如果仅运用公法手段从外部进行监管，不仅成本巨大，而且无法解决节约资源、保护生态环境的内生动力问题。因此，生态环境保护领域需要政府与市场共同作用，"市场失灵是产生政府管制的原因，政府失灵是市场作用的范围"。这意味着，环境法中不仅有私法性质的规范，而且会有超出《民法典》"射程"的新型规范。在这个意义上，解决好环境法中的私法规范与公法规范的关系，是运用"普通法—特别法"模式处理《民法典》与环境法的关系的基础，其前提则是环境法内部各种规范的体系性、完整性。

---

① 参见苏永钦《现代民法典的体系定位与建构规则》，苏永钦：《寻找新民法》，北京大学出版社 2012 年版，第 91 页。

（四）针对大规模环境侵权事件的以保险为主的专门救济制度

因现代社会的发展在很大程度上得益于导致污染或破坏的工业行为，故而通常观点认为环境危机下的损害是社会发展的代价。这种损害作为风险成本应由社会分担，即不仅由行为人承担，每个个体作为社会一员也应当对此承担责任。从收益享有与成本承担一致的角度可以对损害的社会承担做出解释，但是这种解释囿于表面。事实上，导致风险承担方式变化的根本原因在于社会组织结构的转换。

关于社会组织结构的认识，以涂尔干关于有机团结的论述最为经典。[①] 但这种组织结构在风险社会下存在解构的趋势。在有机团结的社会中，个人被编入社会分工系统的职业链条，他们通过彼此紧密的结合形成社会关联。然而，在风险社会下，出现了"劳动的解标准化"。在现代科技的促进下，工作场所、时间、方式都变得非常灵活，细化的临时性职业分工越来越广泛，个人之间不再像以前那样通过较为紧密稳定的职业链条成就社会关联，"终身的全职工作"正被替代为"不充分就业的风险社会体系"。[②] 由于原来的那种社会关联越来越呈现出碎片化、流动化的状况，社会团结由此变得松散。这样，照搬有机团结的模式将难以解释风险社会下的组织结构。

风险社会的社会团结并非消散，而是在新的压力背景下采取了新的形式。在环境危机下，个人被强制性地逼进以个体化方式面对风险的境地，每个人都要应对自身的焦虑和不安全感。于是，在风险社会中，被强制的个体化越发普遍，社会就越来越无法像从前那样把国家作为控制的中心，个人被迫越来越多地自行决策以直接应对风险。由此启动了个体作为社会再生产的基本单元的进程，"个体化正在变成

---

① 参见〔美〕埃米尔·涂尔干《社会分工论》，渠东译，三联书店 2000 年版，第 1 页以下。

② 参见〔德〕乌尔里希·贝克《风险社会》，何博闻译，译林出版社 2004 年版，第 173 – 175 页。

第二现代社会自身的社会结构"。① 当社会群体普遍面临如此境况时，焦虑就成了社会所共同面对的问题，从而代替了需求的共同性。社会团结的形式被确认为"从需求型团结到焦虑促动型团结"。② 那么，在风险社会下的组织结构形式就呈现出高度的弥散性，在政策、法律、纪律等社会事实的相互交融下共同塑造了风险流动的社会机制，那种有机团结的社会在自反性进程中衰落了，继而兴起的是弥散团结的社会。

在弥散式社会团结下，如果我们仍局限于传统权利话语所强调的防御式"消极权利"，那么将无法应对普发的社会性风险。风险社会的巨大威胁已经使得对外在风险的抵抗不再是单个人的权利主张，而是一项集体性诉求。这种诉求并不仅仅局限于具体威胁的受害者，在社会发展进程中，所有可能承受风险不利后果的人都有权利来主张对该威胁所发生的高度盖然性采取防范措施。因此，应对风险的方式不再是以一对一的模式，即权利人对抗他人的侵权行为，当损害产生时，以司法裁判为最后手段将损害从受害人处转移到侵权人。相反，在风险社会以"安全"为基调的主导下，全社会对整体性安全的关注指向潜在的风险，并通过多元化的中介组织来实现共同抵御风险的请求。由此，社会团结的承载者就从有机团结下的职业群体、法人团体等次级群体，③ 变成弥散团结下的保险、基金等中介组织。

这种中介组织是与风险社会下特殊的防范义务相对应的。与传统义务主体的相对确定性不同，这种义务的出现不再局限于传统法律关系所设立的框架，它呈现出多边扩散的趋势，单一法律关系结构没有涵盖的义务主体也可能被编到义务履行中。不仅如此，义务所针对的

---

① 参见〔德〕乌尔里希·贝克、伊丽莎白·贝克 - 格恩斯海姆《个体化》，李荣山等译，北京大学出版社 2011 年版，作者自序、第 31 页。

② 参见刘仁文、焦旭鹏《风险刑法的社会基础》，《政法论坛》2014 年第 3 期。

③ 参见高丙中《社团合作与中国公民社会的有机团结》，《中国社会科学》2006 年第 3 期。

内容也并非简单地回应具体某个人的要求。由于社会风险的复杂性、不确定性及扩散性，这种义务必须以防御高度不确定的未来为运行核心，着眼于灾难性后果的普遍性预防和规模化救济，由此义务结合成用于共同抵御风险与分担损害的社会组织。需强调的是，与个人对抗侵害相比，这种组织并非消极地分担损害后果，而是通过专业的组织结构、高效的运作方式、庞大的资金储备，积极地进行抵御甚至在整个社会运行上消减风险的发生。

无论是对生态环境损害的修复，还是人群健康的治疗，都需要大量的资金。对此，个人难以承担，而且很多情况也并非具体个人的原因，侵权损害救济机制下一对一的损害移转模式难以维系。在风险社会下，每个社会成员都面对巨大的不确定风险，环境损害事件实际上是风险社会风险的具体转化。基于安全的考虑，社会成员团结起来共抗风险，其中重要的形式就是在全社会范围内或特定的社会群体范围内形成分散损失的机制。

对社会分担的求助不仅是为了消极地分散风险，从积极意义上来说，通过集中社会分散的资金统一抵御和救济社会风险，在整体层面减少了对损害救济的成本，从而在根本上提高了综合社会损害防控体系的运行效率。在传统侵权法损害救济过程中，每一个环节都可能产生巨大的成本。同时常常由于责任人赔偿能力的不足，法院的判决无法得到执行，严重损害了法院裁判的公信力。而社会分担通过组织完备、资金丰富、运作高效的专业性中介组织，减少了诉讼等烦冗的环节，能够及时救济众多的被侵权人已受到的损害，还可以为后续损害提供救济途径和财力保障。

社会分担无法通过具体的每个人进行直接分担，需要借助承载社会团结的中介组织。这类组织在目的功能上，是为应对损害事件而设立，具有广泛的社会基础，是社会成员共同抵御社会风险的义务的集中体现；在资金准备上，通过不同渠道的资金收集，具有应对风险的大量资金储备；在单位架构上，人员具有专业性，架构为能够高效地应对损害事件而设置。从理论讨论和实践适用来看，这类组织在我国主要表现为保险组织和基金组织。由这两类组织运用对环境损害后果的救济资金也分为两种类型：一是环境责任保险，二是环境救济基金。环境责任保险是投保人向保险人支付一定数额的保险费，当被保险人因从事保险合同约定的业务活动造成环境损害而应当承担责任时，由保险人在约定的责任限额内承担赔偿责任的保险。自 1999 年《海洋环境保护法》第 66 条规定船舶油污保险起，环境责任保险的实践开启。2007 年《关于环境污染责任保险工作的指导意见》、2013 年《关于开展环境污染强制责任保险试点工作的指导意见》、2014 年《关于加快发展现代保险服务业的若干意见》、2015 年《生态文明体制改革总体方案》对环境污染强制责任保险在一些地方和行业进行试点做了不同程度的倡导、规定以及适用。环境救济基金是通过向多方筹集资金，对环境损害事件的后果进行统一救济的基金。这类基金有的设立于损害发生之前，主要是基于对某种活动风险的经验；有的则设立在损害发生之后，这是基于对具体损害事件的应对而设立的。目前，我国环境救济基金并不像环境责任保险那样有统一的规范，尤其是关于人群健康损害的救济明显滞后。

这两类资金筹集的来源应体现社会分担性，比如环境责任保险通过向行业群体收取保费，环境救济基金的组成部分包括了行业群体的出资，支出费用的企业则通过产品价格机制将此成本分散到整个社会中。除此之外，社会分担性更体现在代表社会公共利益的政府的介入上，这包括政策倾斜甚至直接的财政拨款。比如环境责任保险试点普遍存在补贴范围小、金额低的问题，难以应对环境损害后果。对此，《关于开展环境污染强制责任保险试点工作的指导意见》提出，"积极会同财政部门，在安排环境保护专项资金或者重金属污染防治专项资金时，对投保企业污染防治项目予以倾斜"，"推动金融机构综合考虑投保企业的信贷风险评估、成本补偿和政府扶持政策等因素，按照风险可控、商业可持续原则优先给予信贷支持"。再比如，环境救济基金的重要资金来源是政府的财政拨款。政府作为社会的管理者，通过对环境税、排污费等的收取，承担着环境保护的管理职责，同时政府也是所有社会成员公共财富的掌管者。以社会成员公共财富承担社会发展的成本，应当对社会发展中的受害者给予补偿。

环境责任保险作为保险的一种，其保险对象应当符合不确定性原理，因此环境责任保险主要针对环境事故所引发的损害。至于活动积累型环境损害后果，因其污染行为随着不断积累必然会爆发污染事故，事故的发生是非常明确的，只是时间不能确定、损害程度不能确定，不符合不确定性原理，故而不能成为环境责任保险的保险对象。由于环境责任保险具有强制性，如果不分情况全面实行，将会剥夺市场上很多非严重污染企业的选择权，加重企业负担，从长远来说也不利于社会经济的发展，反而可能会使其因运行成本太高违反市场机制而遭淘汰。[1] 因此，应当限定环境强制责任保险的适用范围。从目前政策的发展方向来看，存在重大环境风险的高危险性、高污染性物质和相关企业，是实施环境强制责任保险的主要对象。另外，基于保险运行的成本和效率，即使是对这些特定的对象，在实行强制责任保险时，也要规定环境强制责任保险适用的限度，不能是全部的损害后果都由强制保险承担。

环境救济基金则主要用于填补环境责任保险无法提供的救济漏洞，对责任保险限额之外或者不予责任保险领域的损害承担救济。除此之外，更重要的是应对责任保险无法处理的不明责任人的活动积累型损害。活动积累型损害表现出长期性、潜伏性等特征，尤其是在人群健康的后续损害上表现得尤为突出。对此，环境救济基金是妥当的

---

① 参见蓝寿荣《我国环境责任保险立法若干问题释疑》，《法学论坛》2013 年第 6 期。

救济方式。

由此可见，两类资金都是为了维护生态系统完整性而设立的社会分担资金，但两者针对的救济范围不同，存在互补性，并非选择关系。至于侵权损害赔偿，尽管在整个损害救济领域，它与责任保险、社会救助的关系应当是平行的，① 但是在本章所针对的环境损害事件中，三者并不平行，甚至侵权损害赔偿发挥的作用很微弱。因为侵权损害赔偿的构成要件在这类事件中难以达成，即使能确定侵权人及其侵权责任，也难以满足救济需求。当然，侵权损害赔偿仍发挥一定的基础性调整功能，比如侵权责任制度实际上是保险制度的结构性基础，侵权责任的成立是保险适用的前提。在环境侵权责任保险制度中，保险赔偿机制的启动离不开责任主体的确定。

风险由社会分担可能带来的副作用是减低风险的防控力，在道德上产生负面影响。因此，在资金的设置上应避免社会分担负面效果的产生。社会分担并非平均分配，在分担时应当综合斟酌对损害后果的影响因素，促使在社会整体层面上达到预防效果。当然，这里仅仅是通过事后的救济达到的一般性预防，对于事前的预防则需要通过相关行政规范以及标准的设置达到。

就环境责任保险而言，保险人可以通过回溯性费率、经验费率等定价策略和共保额、免赔额、超过额等限责条款，来防止环境责任保险的投保人将成本外化于保险人。通过合理的浮动保险费率和除外条款的设置，环境责任保险制度可以引导潜在污染企业的经济行为转向有利于环境保护的领域。② 针对投保人可能引发环境损害事故的道德风险，保险人可以在投保人续保时提高保费，或者对环境事故率偏高的被保险人拒绝续保。责任保险有免责条款，可以将故意等特定原因造成的损害排除在保险人的保障范围之外。

---

① 参见王利明《建立和完善多元化的受害人救济机制》，《中国法学》2009 年第 4 期。
② 参见胡艳香《环境责任保险制度的正当性分析》，《法学评论》2011 年第 5 期。

就环境救济基金而言，应当遵循污染者负担的原则。具体而言，在活动累积型环境损害中，可能全社会成员的活动对损害后果都有致害因素，那么由社会分担毋庸置疑。但是在积累的后果中，活动的影响力有大有小，大型或专业的企业长期从事此类活动，其影响力显然大于一般活动者，那么在分担时应考虑行业差异、经营者的规模等因素，使责任与其作用相平衡。在由环境事故引发损害的情况下，事故主体对损害后果的产生有直接或间接的作用，因而应承担与其原因行为相应的责任。尤其是对故意的责任人，应当根据损害情况征收民事罚金，作为救济基金的构成部分。这与民法的惩罚性赔偿金原理一样，通过对已发生的不法行为的惩罚，让人们认识到进行不法行为要付出高昂的代价，人们就会谨慎地选择自己的行为方式。[①] 向污染者征收罚金，其罚金与实际损害可能有一定差距，但大体上是以实际损害为基础的。

另外，在侵权损害救济制度中，仅有司法机关作为最后的中立裁判者对个人之间的纠纷做出裁决，行政机关并无介入可能。与此不同，在环境损害救济体系中，行政机关对生态系统的维护、损害的确认、救济的具体实施以及救济资金的筹集都承担了极其重要的作用。但是，在我国浓厚的行政主导传统下，一旦出现环境损害事件，行政机关往往会包揽一切，这实际上阻碍了问题的真正解决。[②] 一味以行政手段来代替案件的处理，会使政府背负各种不必要的负担，还可能损及其权威性。因此，需要对行政机关的作用和界限予以厘清。

就生态系统完整性的维护而言，一方面，行政机关是社会公众的代表，当生态系统被侵害时，应当代表公共利益提起诉讼。《民事诉

---

① 参见白江《我国应扩大惩罚性赔偿在侵权责任法中的适用范围》，《清华法学》2015年第3期。

② 参见张新宝、岳业鹏《大规模侵权损害赔偿基金：基本原理与制度构建》，《法律科学》2012年第1期；戚建刚《论群体性事件的行政法治理模式——从压制型到回应型的转变》，《当代法学》2013年第2期。

讼法》以及《最高人民法院关于审理环境民事公益诉讼案件适用法律若干问题的解释》有明确规定。另一方面，环境保护、国土资源、农林业等行政机关具有相应的环境行政管理职责，当出现损害事件时应当进行应急救助。这两种职责同系行政机关一身，在环境损害事件中往往会以管理职责为主导而混淆了应急救助和纠纷解决这两个不同问题。实际上，在环境损害事件发生后，行政机关应基于其管理职责提供应急救助，并遏制损害的蔓延。在此阶段，行政机关应当作为主导进行管控。但是随着紧急状况的解除，环境损害事故进入纠纷解决与救济阶段。这就应当根据环境损害救济体系的原则、规则确立自身应有的位置和职责，而不应混淆职责。

就环境损害救济的复杂性而言，应当发挥行政机关的主导作用，因为涉及生态系统整体修复的工程都具有规模庞大、社会关系复杂以及有巨额资金需求的基本特征，个人或企业难以应对，由行政机关主导专业机构并发动社会力量能够高效地完成修复，可以收到良好的社会效果。但是，行政机关的主导性并不意味着要承担一切费用。由于环境损害事件的后果是风险社会风险的具体化，是社会大众所应共同面对的，运作责任保险、环境救济基金的中介组织承载了弥散性社会团结，它们在筹集资金、集中救济乃至预防后续损害方面都有专业的水平和丰富的经验，应当由这些中介组织来直接处理关于资金的问题。当然，政府应当对责任保险以及环境救济基金起到引导甚至主导作用，并且在资金筹集上提供有效支持。

第二章　环境污染与生态破坏责任的一般构成

一　环境污染与生态破坏责任的法律规定

《民法典》第 1229 条规定："因污染环境、破坏生态造成他人损害的，侵权人应当承担侵权责任。"该条直接来源于《侵权责任法》第 65 条的规定，"因污染环境造成损害的，污染者应当承担侵权责任"。该规定又源自《民法通则》第 124 条，即"违反国家保护环境防止污染的规定，污染环境造成他人损害的，应当依法承担民事责任"。更早涉及环境污染民事责任的是 1979 年《环境保护法（试行）》，该法第 32 条第 2 款规定，"对严重污染和破坏环境，引起人员伤亡或者造成农、林、牧、副、渔业重大损失的单位的领导人员、直接责任人员或者其他公民，要追究行政责任、经济责任，直至依法追究刑事责任"。

在《民法典》编纂过程中，第 1229 条在表述上存在两点突出的反复修改，其涉及侵害行为、损害后果乃至责任的不同观点争议。

一是行为。从条文历史来看，《民法通则》《侵权责任法》中仅限于"污染"，并无"破坏"。1989 年《环境保护法》没有延续 1979 年《环境保护法（试行）》中"破坏"的表述，而 2014 年修订的《环境保护法》则将"破坏"与"污染"同列为侵害行为。随后，

《最高人民法院关于审理环境民事公益诉讼案件适用法律若干问题的解释》和《最高人民法院关于审理环境侵权责任纠纷案件适用法律若干问题的解释》也将两者并列。2017 年《侵权责任编草案（民法室室内稿）》采纳了"污染"和"破坏"的表述，但《侵权责任编草案（一审稿）》则改为笼统表述"损害生态环境"，《侵权责任编草案（二审稿）》修正为"破坏生态环境"。对此，有立法代表认为应当与《环境保护法》的表述一致，丰富拓展环境侵权行为类型。[①] 于是，在 2019 年全国人大宪法与法律委员会的审议稿中将"破坏生态环境"修改为"污染环境、破坏生态"，《侵权责任编草案（三审稿）》予以沿用，并最终为本条所采纳。

二是损害。《侵权责任法》第 65 条表述为"损害"，尽管没有明确是民事主体个人的损害，但基于《侵权责任法》的私权救济特征以及"环境污染责任"一章中并未规定生态环境损害，通说对此"损害"属于个人损害的解释并无异议。[②]《侵权责任编草案（一审稿）》第 1004 条表述为"损害生态环境的"，虽然在后面的第 1007 条和第 1010 条、第 1011 条规定了个人损害、生态环境损害，但是从 2018 年 12 月 23 日全国人大宪法与法律委员会的修改说明来看，当时立法者并没有明确这两类损害的区分。在《侵权责任编草案（二审稿）》第 1004 条中，立法者明确表述了"他人损害"，即民事主体的个人损害，以此区分第 1010 条和第 1011 条所规定的生态环境损害。[③]《侵权责任编草案（三审稿）》对损害的规定予以沿用。最终为《民法典》第 1229 条所采纳。

在《民法典》中，设置环境污染与生态破坏责任的规范目的与侵

[①] 参见《十三届全国人大常委会第七次会议审议民法典侵权责任编草案的意见（二）》（法工办字〔2019〕20 号）。

[②] 参见王利明《侵权责任法研究》（下卷），中国人民大学出版社 2016 年版，第 464 页。

[③] 参见 2018 年 12 月 23 日《全国人民代表大会宪法和法律委员会关于〈民法典侵权责任编（草案）修改情况的汇报〉》。

权责任制度的基本目的相一致，即对民事主体受侵害的民事权益进行救济。那么，对民事主体因污染环境或破坏生态而遭受的财产损害、人身损害予以救济，是《民法典》第1229条首要的规范目的。除此之外，与其他侵权类型不同，环境侵权是通过污染或破坏等行为导致环境损害，经由环境本身的损害，导致生活在其中的人的财产损害或人身损害。也就是说，在此类侵权中，环境本身的损害是污染行为或破坏行为直接导致的，而民事主体的财产损害、人身损害则是污染行为或破坏行为所导致的间接后果。在《侵权责任法》中，主流观点将保护环境视为环境污染责任的规范目的。① 由于《侵权责任法》并没有直接规定对环境损害本身的救济，且将损害限定在民事主体的财产损失和人身损失，因此保护环境的目的是通过追究侵权人的侵权责任，对社会产生一般的震慑作用，从而防止类似行为的产生。这是侵权法一般性预防功能的衍生。② 而《民法典》"环境污染与生态破坏责任"章中的第1234条、第1235条则直接将生态环境损害本身纳入救济范围，那么，保护环境就从《侵权责任法》的间接规范目的成为《民法典》的直接规范目的。

二　环境污染与生态破坏责任的归责原则

（一）无过错责任

从体系上来看，《民法典》第1229条应当属于《民法典》第1166条所引申出的无过错侵权责任的一种类型，即"行为人造成他人民事权益损害，不论行为人有无过错，法律规定应当承担侵权责任的，依照其规定"。由此，对环境侵权人的归责应当适用无过错原则，

---

① 参见全国人大常委会法制工作委员会民法室编著《中华人民共和国侵权责任法解读》，中国法制出版社2010年版，第320页。

② 参见王泽鉴《侵权行为》，北京大学出版社2009年版，第10页。

即不以侵权人的过错为要件，不管侵权人有无过错，都不影响环境污染和生态破坏责任的成立。一方面，从条文来看，文本中没有关于"过错"的表述；另一方面，无过错归责在环境侵权事件中具备多重效用。一是就被侵权人而言，环境污染具有原因复杂等特征，证明侵权人的过错需要专业的技术知识，甚至有些问题连当前的科学也难以阐明。如要求过错的证明，往往会导致被侵权人举证困难，甚至无法得到妥当的救济。① 更何况，很多环境事件是由正常的生产活动引发的，侵权人并无过错。二是就侵权人而言，无过错责任的效果在于促使其采取更有效的预防措施，以提高所从事的活动的安全性，降低损害的发生概率，尽量避免损害的发生。在司法实践中，无过错归责也被得以明确。《最高人民法院关于审理环境侵权责任纠纷案件适用法律若干问题的解释》第 1 条就规定："因污染环境造成损害，不论污染者有无过错，污染者应当承担侵权责任。"

有观点认为应当对不同类型的环境侵权予以区分，生活污染侵权应适用过错责任，而生产污染侵权则适用无过错责任。② 但是，生活污染与生产污染在实践中通常难以区分，再者污染机制一致，对过错的证明难度并无差别，因此不应做此区分。

对于噪声、光、电磁辐射等污染问题，有观点认为应当适用过错责任。在最高人民法院发布的典型案件点评中，关于"沈海俊诉机械工业第一设计研究院噪声污染责任纠纷案"的点评就指出："与一般环境侵权适用无过错责任原则不同，环境噪声侵权行为人的主观上要有过错，其外观须具有超过国家规定的噪声排放标准的违法性，才承

---

① 参见全国人大常委会法制工作委员会民法室编著《中华人民共和国侵权责任法解读》，中国法制出版社 2010 年版，第 321 页。这种观点呈现于其他环境类单行法的解释中，比如水污染责任。参见安建、黄建初主编《中华人民共和国水污染防治法释义》，法律出版社 2008 年版，第 146 页。

② 参见全国人大常委会法制工作委员会民法室编著《中华人民共和国侵权责任法解读》，中国法制出版社 2010 年版，第 320 页以下。

担噪声污染侵权责任。"① 但是，从一审、二审的判决来看，该判决书并未认定过错问题，而仅以证明损害事实以及与侵权行为的关联而驳回原告的诉求。② 最高人民法院发布的点评意见仅仅是一种理论观点，而不能作为具有法律效力的意见。国家关于噪声、光、电磁辐射等排放所确定的标准仅仅是行政管制的手段，而非认定侵权人过错的依据，更非判断侵权责任的标准。在侵权责任的判断中，噪声、光、电磁辐射等排放标准仅能在事实上作为认定行为事实等待证事项的一种证据。在这些污染事件中侵权人的过错问题与其他的污染事件存在同样的问题，并无特殊性，因此都不应作为侵权责任的构成要件。

　　就生态破坏而言，在《侵权责任法》中并无此表述，因此基于无过错责任法定的原则，无法将生态破坏责任指引到无过错责任的情况下，以往的司法实践是将其归属于一般侵权，由此适用过错责任。③从理论上来说，生态破坏行为与环境污染行为的制度背景以及面临的难题都是类似的。生态破坏致害与环境污染致害具有诸多相似之处，多为长期累积的过程，具有潜伏性；从价值判断上看，伴随着正常生产、生活活动而产生，是维护社会正常运行所必须付出的代价，因而在价值判断上不具有非难性，由谁来承担责任是一种利益衡量的结果。相较于环境污染行为，生态破坏行为所造成的危害往往在时空上

---

① 参见最高人民法院 2015 年 12 月 29 日发布的环境侵权典型案例，载中国法院网，https://www. chinacourt. org/ article/detail/2015/12/id/1777827. shtml，最后访问时间：2020 年 2 月 4 日。《环境噪声污染防治法》第 2 条第 2 款规定环境噪声污染 "是指所产生的环境噪声超过国家规定的环境噪声排放标准，并干扰他人正常生活、工作和学习的现象"。除此之外，《放射性污染防治法》第 62 条规定放射性污染 "是指由于人类活动造成物料、人体、场所、环境介质表面或者内部出现超过国家标准的放射性物质或者射线"。在实践中有诸多法定标准，比如《声环境质量标准》《社会生活环境噪声排放标准》《民用建筑隔声设计规范》《工业企业厂界噪声标准》《电磁辐射防护规定》《电磁环境控制限值》《环境电磁波卫生标准》等；甚至在某些领域还有更为具体的标准，比如《规模猪场环境参数及环境管理》。

② 参见安徽省蚌埠市中级人民法院（2015）蚌民一终字第 00679 号民事判决书、蚌埠市禹会区人民法院（2015）禹环民初字第 00001 号民事判决书。

③ 参见最高人民法院侵权责任法研究小组编《〈中华人民共和国侵权责任法〉条文理解与适用》，人民法院出版社 2010 年版，第 458 页。

尺度更大、不确定的程度更高、对象更为不特定。生态破坏行为所造成的直接损害是生态系统失衡，而生态系统作为一个复杂适应系统，其下的各个子系统之间相互影响、相互制约，并在一定时期内处于相对稳定的动态平衡状态。一旦其间的平衡被打破，整个生态系统都会受到影响。但通常情形下，这一过程都是历经数年方能显现出危害，且很多情形下危害是否会发生也具有高度的不确定性。即便能够预见到危害的发生，其危害的对象往往也非个体或小范围的群体。① 因此，《民法典》第 1229 条将生态破坏与环境污染并列，都适用无过错责任。

　　这里需要指出的是，无过错责任并非指环境侵权事件中不存在过错情形，实际上在很多情况下侵权人是存在过错的，包括明知、重大过失等情形。比如在河流、土地中故意倾倒废水、放置废渣等，在净化设备长期运行的情况下仍然不检修导致设备毁损无法净化污水、废气等。无过错责任并不影响在特殊情况下对过错因素的考虑，比如在《民法典》第 1232 条中惩罚性赔偿的适用，其要件就是侵权人的"故意"。环境侵权行为人的主观过错也是裁决民事责任方式类型和程度的重要考量因素。② 比如《最高人民法院关于审理环境民事公益诉讼案件适用法律若干问题的解释》第 23 条明确规定，"过错程度"是确定生态环境修复费用的重要参考因素，并在《最高人民法院关于全面加强环境资源审判工作为推进生态文明建设提供有力司法保障的意见》第 20 条中提出，"充分发挥专家在环境资源审判工作中的作用。建立环境资源审判专家库，在审理重大疑难案件、研讨疑难专业问题、制定规范性文件时，充分听取专家意见。可以聘请环境资源领域

---

① 参见吕忠梅、张宝《环境问题的侵权法应对及其限度——以〈侵权责任法〉第 65 条为视角》，《中南民族大学学报》（人文社会科学版）2011 年第 2 期。

② 参见沈德咏主编《最高人民法院环境侵权纠纷司法解释理解与运用》，人民法院出版社 2016 年版，第 167 页。

的专家担任特邀调解员，运用专业技术知识促使当事人自觉认识错误，修复环境，赔偿损失。保障当事人要求专家出庭发表意见的权利，对于符合条件的申请及时通知专家出庭就鉴定意见和专业问题提出意见"。其中，"促使当事人自觉认识错误"，从而承担"修复环境、赔偿损失"等责任，这是对当事人"过错"因素的考虑。另外，侵权人的过错也是确定生态环境修复费用时的参酌因素，在有些故意的情况下甚至可以在参考额度范围内取最大值。①

（二）关于各类环境标准问题

对环境事件的侵权人进行归责是否取决于法律规定的违反，存在立法变革以及观点争议。《民法通则》第 124 条规定承担责任的前提是"违反国家保护环境防止污染的规定"。依此规定，如果行为人遵守国家规定的排放标准，即使给他人造成损害，也不承担责任。《侵权责任法》将此规定删除，《民法典》沿用《侵权责任法》的做法。从理论和实践来看，对法律规定的讨论主要集中于环境标准的侵权法效力。②

---

① 参见最高人民法院环境资源审判庭《最高人民法院关于环境民事公益诉讼司法解释理解与适用》，人民法院出版社 2015 年版，第 331 页。在很多案件中也是持此态度，比如"昆山君汉电子材料有限公司、胡志德等与中华环保联合会环境污染责任案"，主审法院认定应当将君汉公司电镀废水稀释 3 倍后计算虚拟治理成本并无不当。君汉公司排放废水最终流入的水体为Ⅳ类地表水，按照虚拟治理成本法计算生态环境损害时的计算系数区间为 3.0 ~ 4.5，鉴于君汉公司未经许可非法从事电镀业务，长期超标准排放电镀废水，严重污染环境，原审判决将生态环境修复费计算系数确定为 4.5 并无不当。参见江苏省高级人民法院（2017）苏民终 1772 号民事判决书。

② 《环境标准管理办法》第 3 条规定："为防治环境污染，维护生态平衡，保护人体健康，国务院环境保护行政主管部门和省、自治区、直辖市人民政府依据国家有关法律规定，对环境保护工作中需要统一的各项技术规范和技术要求，制定环境标准。环境标准分为国家环境标准、地方环境标准和国家环境保护总局标准。国家环境标准包括国家环境质量标准、国家污染物排放标准（或控制标准）、国家环境监测方法标准、国家环境标准样品标准和国家环境基础标准。地方环境标准包括地方环境质量标准和地方污染物排放标准（或控制标准）。"第 5 条规定："环境标准分为强制性环境标准和推荐性环境标准。环境（转下页注）

就排放标准而言，在《民法通则》下，有观点认为如果符合排放标准也应承担侵权责任，那么就会削弱企业的环保意识，加重企业的负担。符合排放标准仍造成损害的，应由国家出台更高的排放标准，否则应由国家承担相应的责任。[①] 而当时的国家环境保护局发布的《关于确定环境污染损害赔偿责任问题的复函》（〔91〕1环法函字第104号）中指出："至于国家或者地方规定的污染物排放标准，只是环保部门决定排污单位是否需要缴纳超标排污费和进行环境管理的依据，而不是确定排污单位是否承担赔偿责任的界限。"此观点被法院采纳。[②]《侵权责任法》予以沿用。[③]《最高人民法院关于审理环境侵权责任纠纷案件适用法律若干问题的解释》（法释〔2015〕12号）第1条也强调了"污染者以排污符合国家或者地方污染物排放标准为由主张不承担责任的，人民法院不予支持"。各地法院的判决也一致表明，国家或者地方污染物排放标准，是环境保护主管部门进行环境管理的依据，不是确定排污者是否承担侵权责任的界限。即使达标排放，只要造成了污染后果，就应承担赔偿责任。[④]

通说认为，污染物排放标准的主要功能并不在于界定污染，而是在于环境管制，行政主管部门根据排放者排放的污染物是否达到污染

（接上页注②）质量标准、污染物排放标准和法律、行政法规规定必须执行的其他环境标准属于强制性环境标准，强制性环境标准必须执行。强制性环境标准以外的环境标准属于推荐性环境标准。国家鼓励采用推荐性环境标准，推荐性环境标准被强制性环境标准引用，也必须强制执行。"在这些标准中，侵权法领域的讨论多集中于强制性环境标准中的国家环境质量标准、国家污染物排放标准。

① 参见王家福主编《民法债权》，法律出版社1991年版，第515页。

② 参见湖北省武汉市中级人民法院（1991）武法经字第1号民事判决书。

③ 参见全国人大常委会法制工作委员会民法室编著《中华人民共和国侵权责任法解读》，中国法制出版社2010年版，第325－326页。

④ 比如江苏省南京市白下区人民法院（2011）白民初字第213号民事判决书、广东省广州市中级人民法院（2005）穗中法民二终字第1770号民事判决书、广西南宁市中级人民法院（2004）南市民二终字第312号民事判决书、安徽省宣城市中级人民法院（2014）宣中民一终字第00023号民事判决书、山东省滨州市中级人民法院（2015）滨中民一终字第80号民事判决书等。

物排放标准的要求来决定是否需要对排放者进行处罚。污染物排放标准可以作为公法上判断排污者是否承担行政责任乃至刑事责任的依据，而不能直接作为私法上判断排放者是否承担侵权责任的依据。[①]实践中，只有重点污染物才实行总量控制，而无法确保所有的污染物不超过环境承载力。某个企业即便严格按照污染物排放标准排放污染物，也有可能因为其他企业超标排污而突破环境承载力造成污染。[②]因此，即使完全按照排污标准排污，侵权人仍应承担侵权责任。

　　另就环境质量标准而言，有观点提出应当以环境质量标准作为认定环境是否被污染的依据。与环境排放标准不同，制定环境质量标准的直接目的在于界定污染，在公法上和私法上都是界定是否存在污染的依据，即环境质量标准在所有法域界定污染的效力都应是一致的。据此，环境质量标准既可以作为公法上政府是否承担责任的依据，又可以作为私法上排放者是否承担侵权责任的依据。企业可以控制污染物排放是否达标，却无法控制环境质量是否达标，即对企业来说，造成污染具有一定程度的不可控性（即不确定性或风险），企业对因自己的生产行为所不可避免的风险承担侵权责任是符合现代侵权法立法目的的。因此，在存在环境质量标准且其自身的合法性和合理性未受质疑的前提下，应当承认环境质量标准在侵权法上界定是否存在污染的效力，从而承认被告的合规抗辩。如果环境中的特定污染物没有超过环境质量标准规定的限值，无论排污者排放的污染物是否超过了污染物排放标准，排污者都不应承担环境污染侵权责任。如果环境中的特定污染物超过了环境质量标准规定的限值，该污染物系排污者的排

---

① 参见张新宝《侵权责任法原理》，中国人民大学出版社2005年版，第375－376页；王利明《侵权责任法研究》，中国人民大学出版社2016年版，第461页；陈伟《环境标准侵权法效力辨析》，《法律科学》2016年第1期；谭启平《符合强制性标准与侵权责任承担的关系》，《中国法学》2017年第4期。

② 参见全国人大常委会法制工作委员会民法室编著《侵权责任法立法背景与观点全集》，法律出版社2010年版，第882页。

放所致，且能够认定污染物与损害结果之间存在因果关系，则排污者应当承担环境污染侵权责任。当不同地方的环境质量标准对同一污染物限值的规定不一致时，应当以更加严格的环境质量标准作为进一步判断人身损害因果关系是否存在的"门槛"：当污染物超过更加严格的环境质量标准限值时，则进入判断因果关系的程序，否则，排污者不承担环境污染侵权责任。①

而有的观点则认为，环境质量标准是为了实现保护公众健康、维护生态良性循环等环境保护目标，基于环境风险判断等因素，对环境中有害物质和因素所做的限制性规定。该标准是在综合各种基准值的基础上，权衡国内环境质量现状、污染物负荷情况、社会经济和技术力量对环境的改善能力、区域功能类别和环境资源价值等因素之后，所选择的指标及其限值。在中国，由于环境质量标准的功能定位、实施机制等制度因素，环境质量标准最终都是政策选择的结果，而不是纯粹的科学结论。环境质量标准兼具技术属性和法律属性，既非规章也非规范性文件，其约束力来自援引环境质量标准的法律规范，其核心功能在于为环境质量状况提供比对依据，并与援引环境质量标准的法律规范、行政规划共同发挥设定目标、考核激励、督政问责的作用。因此，环境质量标准具有以分类管理为理念、以整体主义为价值观和方法论、以阶段性控制目标为依据、以政策选择为结果的特征。从规范的角度分析，环境质量标准不可用于认定环境污染侵权责任。但从事实的角度分析，环境质量标准对于认定环境污染侵权责任能够发挥有限的证明作用：可为证明环境影响的消极性提供科学支撑，有助于认定加害行为要件；可在有限的范围内降低损害要件的举证难度；可用于证明加害行为与损害之间的关联性。②

---

① 参见陈伟《环境质量标准的侵权法适用研究》，《中国法学》2017年第1期。

② 该观点进一步指出，环境质量标准虽然不能直接用于认定侵权责任，却可与公法规范结合，通过提高环境质量的方式，在总体上大大降低发生环境污染侵权责任纠纷的（转下页注）

也有观点主张，环境管制标准与侵权责任在不同方面具有各自的功能优势。为充分利用二者的双边优势，环境管制标准与侵权责任应当保持制度上的合作。一方面，为充分发挥环境管制标准在政策判断上的灵活性优势、专业技术优势和管制标准的可预见性优势来控制环境风险，理论上应当承认环境管制标准在侵权法上的效力。另一方面，为了充分利用侵权责任在个案判断上的灵活性优势和中立性优势来控制环境风险，理论上又要求否认环境管制标准在侵权法上的效力。如果管制者能够很容易识别所有相关行为的类型及风险大小，则说明该行为的可标准化程度较高，反之，则较低。根据风险行为的可标准化程度，理论上可以将环境风险分为两大类：一类是可标准化程度较高的领域，如噪声污染、光污染、电磁辐射污染等；另一类是可标准化程度较低的领域，如水污染。这一区分的理论意义在于，在行为可标准化程度越高的领域，环境管制的"一刀切"标准越有优势，它可以一次性地解决所有类似问题，同时还可以发挥环境管制的专业技术优势、政策判断上的灵活性优势和标准的可预见性优势。反之，在可标准化程度较低的领域，侵权责任在个案判断上的灵活性优势和中立性优势将会有用武之地。当环境管制标准能够达到社会最优标准时，侵权责任将作为"查漏机制"弥补环境管制标准的执行不足。这要求法院充分尊重管制标准，并承认合规抗辩的效力。当环境管制只能设定最低限度的"门槛性"标准时，侵权责任将作为"补缺机制"

（接上页注②）概率。但是，环境质量标准并非越严越好，因为公法有其效用边界。随着环境质量标准严格程度的提高，公法对受害人的保护效果呈现出边际收益递减的趋势，但是制度运行成本却会边际递增。为了降低社会总成本，公法的作用领域应当限于边际收益大于边际成本的范围之内。在环境质量标准制度等公法制度未能充分保护的情形，环境污染侵权责任制度为救济环境污染所侵害的人身权益、财产权益提供了更为细密的法网。对于环境质量超标的情形，公法已经提供了一些机制，应当协调适用刑事、行政和民事责任。对于环境质量达标的情形，由于没有公法救济可供适用，环境污染侵权责任制度更应发挥作用。参见尤明青《论环境质量标准与环境污染侵权责任的认定》，《中国法学》2017年第6期。

弥补管制标准的设计不足，法院因此要为排污企业"量身定做"最佳的行为谨慎标准，并在必要时否认合规抗辩的效力。① 另外，还有观点与此类似，即是否适用标准进行抗辩，应当区分不同类型的污染情况，即对噪声、光、电磁辐射等能量型污染场合可以承认管制性标准的抗辩效力，在废水、废渣、废气等物质型污染场合应否定其抗辩的效力。②

　　就侵权法而言，损害是客观后果，只要有损害的存在，对其救济就不会因政策问题而削减。法律、行政法规、规章等规制性规范和侵权法的目标存在区别，两者评价标准并不一致。公法与私法上的行为可接受性必须严格区分，公法的规制性规范在引入私法时必须进行筛选和甄别，私法的行为标准应具有独立性。环境类标准，不论是环境排放标准，抑或环境质量标准，其制度的目的和初衷并非着眼于侵权案件的处理，而是通过设定量化的数值、指标、操作规程和技术规范，来直接规定技术目标和工艺流程，通过规制机构对标准的反复适用，来保障该领域的社会秩序。因此，这类标准本身就缺乏对侵权问题的体系化思考。③ 司法裁判对此应具有独立评价的空间。当然，就各项环境类标准而言，其的确是经过诸多科学性、法价值性考量而设置的。在环境侵权案件中，涉及诸多专业性问题，具有可以量化的标准的确有助于法院裁判。因此，法院裁判相关事实时可以将其作为证据，提供一定的科学依据用于证明行为对生态环境产生消极性影响，这样可以在一定的范围内降低被侵权人对行为事实等要件的举证难度，却不能将其作为判断是否存在侵权责任构成要件的准则。

----

① 参见宋亚辉《环境管制标准在侵权法上的效力解释》，《法学研究》2013 年第 3 期。
② 参见张敏纯《论行政管制标准在环境侵权民事责任中的类型化效力》，《政治与法律》2014 年第 10 期。
③ 参见谭启平《符合强制性标准与侵权责任承担的关系》，《中国法学》2017 年第 4 期。

三　环境污染行为与生态破坏行为

（一）环境污染行为与生态破坏行为的区分

环境侵权案件中的"侵害"在 1989 年《环境保护法》、2010 年《侵权责任法》相关条文的表述上仅限于"污染环境"行为，并未将生态破坏行为纳入。尽管污染环境也可能导致生态的损害，但不能将环境污染行为与生态破坏行为混为一谈。无法通过扩大解释将《侵权责任法》第 65 条所规定的"因污染环境造成他人损害"的致害原因行为扩大适用于破坏生态致害责任纠纷案件。[①] 2014 年修订的《环境保护法》将"生态破坏"与"环境污染"一起明确列为环境侵害行为。随后，《最高人民法院关于审理环境民事公益诉讼案件适用法律若干问题的解释》和《最高人民法院关于审理环境侵权责任纠纷案件适用法律若干问题的解释》也将"环境污染"和"生态破坏"并列为环境侵权的原因行为。

《侵权责任法》仅规定了"环境污染行为"，有观点认为应当对此采广义解释，即可以将生活环境污染、生态环境污染、生物多样性破坏、破坏生态环境造成的水土流失也纳入环境污染领域。[②] 但是，有观点认为《侵权责任法》第 65 条的环境侵权仅指环境污染侵权，不包括生态破坏的侵权行为。[③] 更多的观点认识到两者的区别，指出无法通过扩大解释将"环境污染行为"扩大适用于破坏生态致害责任

---

① 参见竺效《论环境侵权原因行为的立法拓展》，《中国法学》2015 年第 2 期。
② 参见全国人大常委会法制工作委员会民法室编著《中华人民共和国侵权责任法解读》，中国法制出版社 2010 年版，第 325 页。
③ 参见陈现杰主编《中华人民共和国侵权责任法条文精义与案例解析》，中国法制出版社 2010 年版，第 224 页。

纠纷案件。①

《民法典》第 1229 条明确规定了环境污染行为和生态破坏行为。一方面，这是基于法律体系协调一致的要求，因为在《环境保护法》等现行法中明确规定了此分类。另一方面，从法理和科学角度看，这种区分是合理的，尽管污染环境也可能导致生态的损害，但并非所有的生态损害后果都是由环境污染行为所致。② 比如在 "2227 户梨农诉武汉市交通委员会等损害赔偿纠纷案" 中，法院认为该案涉及自然界中各种植物的相互影响、生物链相互作用问题，此类问题给人们生产、生活造成的影响，目前我国尚无法律法规予以调整，因此不属于民事诉讼的主管范围，裁定撤销原判，驳回起诉。③ 当然，对于生态破坏的不确认，可能导致不纳入环境侵权领域，而仅依照财产损害来救济。比如在一起生态破坏案件中，法院的裁定书指出："采煤沉陷是一种典型的生态地质灾害，主要特征为地面塌陷、地裂、山体滑坡、地下水位下降等，而开采煤矿造成危害的主要表现就是房屋沉陷、土地及水资源破坏、道路等公共设施损坏。本案中，因公司采煤

---

① 参见竺效《论环境侵权原因行为的立法拓展》，《中国法学》2015 年第 2 期；王利明《侵权责任法研究》，中国人民大学出版社 2016 年版，第 437 页；吕忠梅《论环境法上的环境侵权——兼论〈侵权责任法（草案）〉的完善》，载高鸿钧、王明远主编《清华法治论衡》第 13 辑，清华大学出版社 2010 年版，第 252 页。

② 需指出的是，两种行为对损害后果的确定以及救济方式、程度的影响并没有本质的区别。

③ 1997 年，某省公路部门在该区国道路段栽种桧柏后，附近梨园收成开始逐年下降。2003 年夏初大面积暴发梨锈病，梨树连续两年绝收，2227 户梨农认为梨锈病暴发是大量栽种桧柏破坏了原有的良好农业生态环境所致，因而将该市交委等 7 家单位诉至法院，请求判令被告清除沿线栽种的桧柏，赔偿经济损失 5800 万元、误工费、药费共计 734 万余元以及诉讼开支 56 万元。被告则辩称其种植行道树是合法行为，桧柏存在并不必然导致梨锈病的发生，梨锈病暴发是由多种因素促成。一审认为，原告不能证明梨树减产与种植桧柏之间有必然的因果联系，判决驳回原告诉讼请求。原告不服，认为该案构成环境污染侵权或环境侵权。二审则认为，该案涉及自然界中各种植物的相互影响、生物链相互作用问题，此类问题给人们生产、生活造成的影响，目前我国尚无法律规范予以调整，因此不属于民事诉讼的主管范围，故裁定撤销一审判决，驳回起诉。参见吕忠梅、张宝《环境问题的侵权法应对及其限度——以〈侵权责任法〉第 65 条为视角》，《中南民族大学学报》（人文社会科学版）2011 年第 2 期。

导致地下水位下降而造成的损害，属于生态破坏行为造成的损害，故本案案由应当确定为环境污染责任纠纷。二审法院将本案确认为财产损害赔偿纠纷，定性有误，本院予以纠正。"① 由此看来，尽管法官明确指出该案是生态破坏事件，但由于"案由规定"中没有，因此将其归属于环境污染责任纠纷。②

这种区分也可以在一定程度上为最高人民法院修正和完善《民事案件案由规定》（法〔2011〕41号）在案件分类上的问题奠定基础。《民事案件案由规定》涉及环境侵权的有两种情况：一是第352条的"环境污染责任纠纷"大类，下面又细分为大气污染责任纠纷、水污染责任纠纷、噪声污染责任纠纷、放射性污染责任纠纷、土壤污染责任纠纷、电子废物污染责任纠纷、固体废物污染责任纠纷等七种；二是第47条"相邻关系纠纷"大类下的第6项"相邻污染侵害纠纷"以及"海事海商纠纷"中第176条"船舶污染损害责任纠纷"、第177条"海上、通海水域污染损害责任纠纷"涉及环境污染纠纷。细分案由被认为对当事人参与诉讼和法院的案件分类管理都可起到重要的参照和指引作用。③ 但从环境侵权案件裁判文书来看，并非如此。很多法院对环境侵权案件并没有按照《民事案件案由规定》进行细分，在很多情况下直接使用"环境污染责任纠纷"这一"大类"案由简单归类。

在笔者考察的来自全国不同地区、不同层级法院的1155份环境侵权判决书中，628份案由部分使用的是"环境污染责任纠纷"。如

---

① 参见最高人民法院（2016）最高法民申201号民事裁定书。该案的一、二审判决书分别是：陕西省榆林市中级人民法院（2013）榆中民二初字第00002号民事判决书、陕西省高级人民法院（2015）陕民一终字第00039号民事判决书。类似的案件判决比如云南省迪庆藏族自治州中级人民法院（2015）迪民初字第8号民事判决书。该案中，被告严重破坏当地的生态环境，一审法院认为这属于财产损害纠纷，二审法院将其改为环境污染责任纠纷。

② 值得注意的是，2016年6月2日最高人民法院发布的《关于充分发挥审判职能作用以推进生态文明建设与绿色发展提供司法服务和保障的意见》明确了环境案件的受案范围以及类型包括生态保护及生态环境损害案件。

③ 参见最高人民法院《关于印发修改后〈民事案件案由规定〉的通知》（2011年2月28日）。

果严格按照《民事案件案由规定》进行分类，这 628 份判决书中，属于土壤污染类 268 份，水污染类 215 份，大气污染类 84 份，噪声类污染 13 份，放射性污染类 4 份，相邻污染类 3 份。在其余的 41 份判决书中，有的案件事实较为复杂，按《民事案件案由规定》可多重归类；有的案件事实未被《民事案件案由规定》所涵盖；还有的案件事实在归类上存在争议。由此可见，大部分案件没有进行细分。

深入分析这些判决书，可以发现，简单归类并非个别现象，其背后不仅仅是法官的"懒惰"，而且现有的环境侵权案件类型存在诸多问题，导致一些案件不必或者难以根据现有的案由进行归类。一方面，个案中严格按照《民事案件案由规定》细分案件对案件的最终裁决没有实际意义。《环境保护法》等环境法律将环境侵权责任的具体处理指引到《侵权责任法》第 8 章及相关法条，并未区分不同的环境侵权案件。因此，法官面对案件，只要能确定属于环境污染案件，就可以直接依据该条考察损害后果、因果关系等构成要件，至于是水污染还是大气污染等，仅对案件事实认定有意义，对责任的确定没有实质性影响。① 这种情况不仅在地方法院的判决书中普遍存在，即使是颁布《民事案件案由规定》的最高人民法院，在一些案件的判决书中也没有严格按照规定进行细分。② 另一方面，"环境污染责任纠纷"

---

① 比如安徽省无为县人民法院（2013）无民一初字第 02052 号民事判决书、河北省承德市中级人民法院（2015）承民终字第 00464 号民事判决书、湖北省咸宁市中级人民法院（2014）鄂咸宁中民二终字第 13 号民事判决书、广西防城港市中级人民法院（2014）防市民一终字第 377 号民事判决书、福建省漳州市中级人民法院（2015）漳民终字第 395 号民事判决书、河南省渑池县人民法院（2014）渑民初字第 633 号民事判决书、黑龙江省林甸县人民法院（2015）林三民初字第 101 号民事判决书、湖南省益阳市资阳区人民法院（2014）资民一初字第 717 号民事判决书、山东省东营市中级人民法院（2015）东环保民终字第 2 号民事判决书、浙江省义乌市人民法院（2015）金义苏溪民初字第 162 号民事判决书、江苏省南通市中级人民法院（2014）通中环民终字第 0001 号民事判决书等。

② 比如最高人民法院（2015）民申字第 1366 号民事裁定书，从该案事实来看，其属于水污染责任纠纷，但最高人民法院在裁定书中用了"环境污染侵权赔偿纠纷"。再比如最高人民法院（2015）民申字第 910 号民事判决书，从该案事实来看，其属于粉尘型大气污染责任纠纷，但判决书用了"环境污染侵权纠纷"。

大类下的七个案由判断标准不统一，适用时存在交叉重合的可能，在具体案件中无法细分。将不同标准的分类囊括到"环境污染责任纠纷"项下，实践中极易产生一个污染案件可适用多个案由的情况。比如固体废物处置过程中产生的粉尘、废渣、废液可能造成大气、土壤、水体污染，一旦提起诉讼，固体废物污染责任纠纷、大气污染责任纠纷、水污染责任纠纷、土壤污染责任纠纷等案由都可以适用。[①]再如生产、施工过程产生的噪声、光、粉尘等污染。在提起诉讼时，噪声污染责任纠纷、大气污染责任纠纷等案由也都可以适用。[②] 面对这些案件，法官无法按照一个标准进行细分，只能以"环境污染责任纠纷"统称。实际上，在具体的司法实践中，法官对于个案关注的主线也就在于"侵害权益"的具体确定，即造成了什么样的损害后果，这对于裁判规则的选择与确定至关重要。至于是何种环境要素被侵害，仅对案件事实的认定有一定意义，而在侵害行为和损害后果的确定以及裁判规则的选择方面并无实质影响。

对于环境污染行为和生态破坏行为，可以先看司法判决中的表现情况。

一是环境污染行为。污染行为主要表现为排放、倾倒或处理废液[③]、

---

① 比如福建省福州市中级人民法院（2014）榕民终字第337号民事判决书、浙江省宁波市中级人民法院（2015）浙甬民一二终字第560号民事判决书、黑龙江省高级人民法院（2015）黑高民申三字第341号民事裁定书、江苏省无锡市中级人民法院（2013）锡环民终字第1号民事判决书、陕西省咸阳市中级人民法院（2013）咸中民终字第01394号民事判决书等。

② 比如辽宁省大连市中级人民法院（2014）大民一终字第304号民事判决书、四川省自贡市中级人民法院（2015）自民一终字第203号民事判决书、吉林省通榆县人民法院（2015）通法开民初字第414号民事判决书、新疆生产建设兵团第四师中级人民法院（2015）兵四民终字第164号民事判决书、湖南省衡阳市中级人民法院（2011）衡中法民一终字第135号民事判决书、重庆市第一中级人民法院（2013）渝一中法环民终字第04145号民事判决书等。

③ 比如最高人民法院（2015）民申字第1366号民事裁定书、江苏省高级人民法院（2014）苏环公民终字第00001号民事判决书、云南省高级人民法院（2011）云高民一终字第41号民事判决书等。

废气①、固体废物②，交通事故中危险品泄漏③，船舶相撞漏油或泄漏危险品④，导致河流、海洋、土壤、大气等环境要素受污染。除此之外，还有发射噪声、光、电磁辐射等物质也被视为污染行为。噪声污染是较为常见的，比如高速公路噪声污染⑤，工厂生产或工程施工等噪声污染⑥，电梯、暖气、空调等建筑设备噪声污染⑦，突然性爆炸等噪声污染⑧。这些污染行为的特征都是直接或间接地向环境排放的物质或能量超出了环境的自净能力或生物的承受限度，破坏了原有的健康、安宁的状态。

　　二是生态破坏行为。生态破坏行为在修订后的《环境保护法》实施以前并未纳入立法范畴，但在司法实践中存在两种情形：被法院以

---

① 比如山东省德州市中级人民法院（2015）德中环公民初字第 1 号民事判决书、广西柳州市中级人民法院（2003）柳市民终（一）字第 864 号民事判决书等。

② 比如江苏省常州市中级人民法院（2014）常环公民初字第 2 号民事判决书、广东省佛山市中级人民法院（2010）佛中法民一终字第 587 号民事判决书、福建省福州市中级人民法院（2014）榕民终字第 337 号民事判决书等。

③ 比如安徽省滁州市中级人民法院（2015）滁民一终字第 01047 号民事判决书、陕西省咸阳市中级人民法院（2013）咸中民终字第 01394 号民事判决书、广东省韶关市中级人民法院（2014）韶中法民一终字第 136 号民事判决书等。

④ 比如山东省高级人民法院（2014）鲁民四终字第 193 号民事判决书、天津市高级人民法院（2014）津高民四终字第 22 号民事判决书等。

⑤ 比如湖南省株洲市中级人民法院（2014）株中法民四终字第 239 号民事判决书、江苏省苏州市中级人民法院（2012）苏中民终字第 1529 号民事判决书、重庆市第一中级人民法院（2011）渝一中法民终字第 08154 号民事判决书等。

⑥ 比如江苏省南通市中级人民法院（2015）通中环民终字第 00002 号民事判决书、新疆高级人民法院（2006）新民一终字第 117 号民事判决书等。

⑦ 比如北京市第一中级人民法院（2015）一中民终字第 6268 号民事判决书、天津市第一中级人民法院（2015）一中民一终字第 0697 号民事判决书、广东省广州市中级人民法院（2015）穗中法民一终字第 5108 号民事判决书、湖南省怀化市中级人民法院（2015）怀中民一终字第 176 号民事判决书、吉林省辽源市中级人民法院（2015）辽民一终字第 328 号民事判决书等。

⑧ 比如辽宁省辽河中级人民法院（2015）辽河中民一终字第 67 号民事判决书、四川省广元市中级人民法院（2015）广民终字第 587 号民事判决书、江苏省邳州市人民法院（2013）邳碾民初字第 0892 号民事判决书、山东省青州市人民法院（2016）鲁 0781 民初 161 号民事判决书等。

无法律依据而驳回,^① 或以环境污染行为适用法律。从既有的判决来看,生态破坏行为的表现形式大致包括:因围堰及开挖航道、疏浚淤泥占用滩涂及海域,造成天然渔业资源受损;^② 开矿导致土地塌陷、地下水位下降、苗木死亡;^③ 开采矿石并将弃石倾倒或长期滥砍滥伐林木,造成林地原有植被严重毁坏,破坏了山体生态环境;^④ 建设工程未经批准占用林地、改变林地用途,对生态环境造成损害;^⑤ 采砂行为破坏了浅滩原有的海底地形、地貌,失去原有的阻挡波浪直接冲击海岸的天然屏障作用,造成海岸被海浪大量侵蚀。^⑥ 当然,生态破坏行为不限于此,还可能包括不合理引入新物种、毁灭物种、过度放牧、毁林垦荒造田等。后来司法实践中逐渐体现了"生态破坏行为"。总结这些表现形式可以看出,生态破坏行为是向环境过度索取物质和能量,不合理地使用自然环境,使环境要素的数量减少、质量降低,以致生态失衡、资源枯竭,危及人类和其他生物的生存与发展。

尽管环境污染行为与生态破坏行为最终都会导致生态环境失衡,但是它们的主要特征却是不同的:前者是排放,向外界输送原本不属于环境的物质或能量;而后者则是索取、开发等,向环境索取或者破坏其中一个或多个要素。因此,这两种行为不能混同。对两种行为的界定是确定构成《民法典》环境污染与生态破坏责任侵权的必要条件。对某种行为判断是否属于污染行为抑或破坏行为,可以从行为样

① 比如 2227 户梨农诉某市交通委员会等七被告生态侵权案。参见吕忠梅主编《环境法案例辨析》,高等教育出版社 2006 年版,第 54 页。
② 比如天津市高级人民法院 (2007) 津高民四终字第 124 号民事判决书。
③ 比如最高人民法院 (2016) 最高法民申 201 号民事判决书、陕西省高级人民法院 (2015) 陕民一终字第 00039 号民事判决书、贵州省高级人民法院 (2004) 黔高民一终字第 30 号民事判决书等。
④ 比如福建省高级人民法院 (2015) 闽民终字第 2060 号民事判决书、云南省昆明市中级人民法院 (2012) 昆环保民初字第 6 号民事判决书、内蒙古巴林左旗人民法院 (2014) 巴民初字第 4182 号民事判决书等。
⑤ 比如江苏省无锡市滨湖区人民法院 (2012) 锡滨环民初字第 0002 号民事判决书。
⑥ 比如山东省高级人民法院 (1996) 鲁经终字第 196 号民事判决书。

态等方面做出认定。

实践中，常常有法院认为，如果某种行为没有超出该领域国家标准所要求的限值，就不属于污染行为。① 《噪声污染防治法》第 2 条第 2 款对"环境噪声污染"的定义和《放射性污染防治法》第 62 条对"放射性污染"的定义也都包含了超过国家标准的要求。有学者认为判断环境是否被污染或被污染的程度，是以环境质量标准为尺度的。环境质量标准是认定加害行为的依据，只有当排污行为导致环境质量超标时，才满足加害行为要件。② 如前所述，国家管制类标准属于行政管理性规定，这些标准为判断某种行为是否对生态环境产生消极影响提供了证据，有助于认定侵权责任的行为要件，但是并不能以此作为标准，即符合标准的就构成行为要件，不符合标准的就否认，而应根据事实样态以及损害后果予以综合判断。

（二）《民法典》第 1229 条的环境侵权行为与其他类似法条的区分

《民法典》第 1229 条的污染责任与《民法典》第 294 条相邻关系中存在的排放污染物行为存在类似之处。《物权法》第 90 条规定，"不动产权利人不得违反国家规定弃置固体废物，排放大气污染物、水污染物、噪声、光、电磁波辐射等有害物质"。《民法典》第 294 条除了个别语言表述修正外，内容基本沿袭《物权法》的规定。从条文表述来看，相邻关系中的污染行为也是向外界排放污染物，从而损及

---

① 比如上海市第二中级人民法院（2014）沪二中民一（民）终字第 2487 号民事判决书、江苏省镇江市中级人民法院（2008）镇民一终字第 458 号民事判决书、山东省泰安市中级人民法院（2014）泰民一终字第 517 号民事判决书、四川省阆中市人民法院（2015）阆民初字第 139 号民事判决书、安徽省蚌埠市中级人民法院（2015）蚌民一终字第 00679 号民事判决书等。

② 参见汪劲《环境法学》，北京大学出版社 2014 年版，第 123 - 124 页；陈伟《环境质量标准的侵权法适用研究》，《中国法学》2017 年第 1 期。

相邻住户的利益。① 这与前述的污染行为在特征上是一致的，只不过涉及的地理空间范围不同，《民法典》第 294 条强调的调整范围是地理位置的邻近。相邻关系的目的在于保护居住安宁与生活环境，调和邻接不动产的利用。② 而《民法典》第 1229 条的环境污染责任则是对环境污染招致的损害进行救济。在相邻关系中，如果没有造成环境污染的后果，则不属于本条范围。《最高人民法院关于审理环境侵权责任纠纷案件适用法律若干问题的解释》第 18 条也予以明确。

在对相邻污染案件的处理中，虽然有的案件冠以"相邻污染侵害纠纷"的案由，但在责任处理时仍适用环境污染侵权的特殊规则。比如在工业生产中排放污水、废气对相邻住户造成损害，发射噪声、电磁辐射对相邻住户造成损害;③ 在邻里生活中排放恶臭、废水、制造噪声等导致邻居受损。④ 对于这些情况的处理，法院都适用了《侵权责任法》第 65 条。这种完全不做区分、统一处理的方式并不妥当。另外需指出的是，相邻环境的污染，一方面涉及对私人领域的侵入，《民法典》"物权编"的物权请求权可以援用；另一方面涉及对他人人身权、财产权的侵害，《民法典》"侵权责任编"规定的侵权请求权可以援用。两种请求权针对的调整对象和适

---

① 参见最高人民法院物权法研究小组《〈中华人民共和国物权法〉条文理解与适用》，人民法院出版社 2007 年版，第 284 页；崔建远《物权：规范与学说——以中国物权法的解释论为中心》，清华大学出版社 2011 年版，第 454 页。

② 参见谢在全《民法物权论》（上册），中国政法大学出版社 2011 年版，第 183－184 页。

③ 比如河南省新乡市中级人民法院（2013）新中民四终字第 256 号民事判决书、四川省自贡市中级人民法院（2015）自民一终字第 203 号民事判决书、陕西省延安市中级人民法院（2013）延中民终字第 00193 号民事判决书、湖南省衡阳市中级人民法院（2011）衡中法民一终字第 135 号民事判决书等。

④ 比如辽宁省葫芦岛市中级人民法院（2015）葫民终字第 00094 号民事判决书、北京市第一中级人民法院（2015）一中民终字第 04244 号民事判决书、广西玉林市中级人民法院（2012）玉中民三终字第 188 号民事判决书、宁夏中卫市中级人民法院（2015）卫民终字第 195 号民事判决书等。

用条件不同，并不发生竞合。①

除此之外，《民法典》第 1229 条的污染责任是否可以适用"室内污染"问题也存在可讨论之处。《环境保护法》第 2 条规定："本法所称环境，是指影响人类生存和发展的各种天然的和经过人工改造的自然因素的总体，包括大气、水、海洋、土地、矿藏、森林、草原、野生生物、自然遗迹、人文遗迹、自然保护区、风景名胜区、城市和乡村等。"虽然环境立法进行了列举以及从不同角度加以界定，但"环境"仍是一个不确定的概念，其"开放性"问题无法得到完全解决，这就会给司法实践带来诸多麻烦。从目前的判决来看，其争议主要体现在室内环境和相邻环境是否可以纳入"环境"的范围。

从《环境保护法》第 2 条的表述看，立法上并未对室内环境进行列举，但其使用了"经过人工改造的自然因素"的概括式表述和"等"的开放式表达，为该定义在解释上留下了空间。在司法实践中，各地法院对室内环境是否属于"环境"的确存在不同观点。有的法院持否定态度，比如医院对病房粉刷墙壁时未采取防护措施而致人出现疱疹等疾病，法院认为住院期间所处的"环境"并非《环境保护法》中所称的"环境"，故案件不属于环境污染责任纠纷。② 有的法院更具体地指出，环境污染责任纠纷是指因工业活动或其他人为原因，自然环境遭受污染或者破坏，从而造成他人人身、财产权益或者公共环境、其他公共财产遭受损害，或者有造成损害的危险时，侵权人所应当承担的侵权损害赔偿责任。而室内环境中含有毒有害气体并非自然环境遭受污染造成侵权，应为一般侵权纠纷，不适用《侵权责任法》中关于环境污染责任的规定。③ 有的法院则持肯定态度，较为充分的

① 参见肖俊《不可量物侵入的物权请求权研究——逻辑与实践中的〈物权法〉第 90 条》，《比较法研究》2016 年第 2 期。
② 参见山东省济南市中级人民法院（2014）济民四终字第 747 号民事判决书。
③ 参见天津市第一中级人民法院（2012）一中民四终字第 890 号民事判决书、安徽省马鞍山市中级人民法院（2013）马民三终字第 00252 号民事判决书。

论证是"栗某诉某装饰公司环境污染损害赔偿案"判决。该案中，栗某因装修房屋甲醛等超标导致血液病而将某装饰公司告上法院。原被告的主要争议在于房屋内部装修导致的室内空气污染是否属于环境污染。法院认为：家庭居室内小环境的污染是否能构成环境污染，法律法规及司法解释并未予以释明。《环境保护法》第2条所指的环境应当既是各种因素综合的总体，同时也是由各个局部环境结合在一起的总体，家庭居室内的小环境正是组成总体环境的一个部分。从《民用建筑工程室内环境污染控制规范》来看，国家有关行政管理部门已开始将家庭居室内的私人区域纳入环境范畴进行管理。环境污染是因产业活动或其他人为原因导致生态自然环境因素的污染或破坏，因而对他人人身权、财产权、环境权益造成损害或有造成损害可能的事实。就该案而言，不当装修行为首先导致的是空气这一自然环境要素被污染，然后被污染的空气又造成人体的生命健康受到危害。可见，原告人身受到的损害并非直接源于产品质量，而是源于成为媒介的、被污染的空气。① 除了室内装修案件之外，还有购买家具造成室内环境污染导致人身损害的案件，法院同样认为不属于产品质量纠纷，而是环境污染侵权纠纷。② 出租房屋中甲醛超标导致租户的健康受损，法院适用的也是环境污染责任。③

　　笔者赞同后一种观点，其理由除了上述判决中所述之外，还要强调的是，持否定观点的法院将"环境"仅限于自然环境，实际上对《环境保护法》做了限缩解释，完全排除了第2条中的"经人工改造"的意义。房屋作为公共空间经过人工建设而分隔出的独立小空间，墙壁内属于经人工改造的小环境，不应被排除出"环境"的范

---

① 参见江苏省南京市玄武区人民法院（2002）玄民初字第1715号民事判决书。类案同判的可参见福建省福州市鼓楼区人民法院（2013）鼓民初字第4995号民事判决书。
② 参见山东省青岛市中级人民法院（2015）青民五终字第1968号民事判决书。
③ 参见上海市长宁区人民法院（2014）长民一（民）初字第1071号民事判决书。

畴。在物权上可以通过房屋的墙壁确定空间的独立领域，但是从环境要素来看却无法将室内环境与外部环境完全隔绝。当然，并非所有的室内装修问题都可纳入环境污染范畴，如因皮肤直接接触不合格装修材料导致生病，而非因室内空气污染致病，这就不符合环境污染的媒介性特质。

将室内环境视为"环境"以适用环境污染责任，在同一案件中可能还会涉及其他类型的责任，比如产品质量责任、合同责任等。在具体案件处理时可适用竞合规则，即交由当事人在提起诉讼时根据案件的情况选择有利于自身的诉求。如前述栗某诉某装饰公司案，法官应向当事人释明，该案作为由口头装修合同引发的合同纠纷，在室内环境受到不当装修污染的情况下也可适用环境污染责任。依据《民法典》第 186 条的规定，当发生责任竞合时，当事人既可以依合同之诉要求违约方承担违约责任，也可以依侵权之诉要求加害人承担损害赔偿责任。①

四 损害后果与侵权责任

（一）环境侵权个案的损害后果及侵权责任

在环境侵权案件中，由于生态环境受到污染或破坏，生活在其中的人的权益受到侵害，其中包括人身权（通常是健康权）、财产权（通常是所有权、用益物权）。这些权益侵害与普通民事案件无异。②

---

① 有观点通过对两种责任的相关制度进行比较，进而对受害人、加害人、司法者等相关主体的利益进行衡量分析，认为室内家具污染致人损害案件的生产者责任应归为环境污染责任，这样更能达到利益均衡。参见田其云、童丽《室内家具污染致人损害的生产者责任研究》，《南京工业大学学报》（社会科学版）2018 年第 6 期。

② 这里需指出的是，即使私益在行政管理上的合法性存疑，其仍可作为环境侵权责任保护的客体。比如在河道或海域养鱼未取得许可证，不影响养鱼人在鱼受污染死亡时主张损害赔偿。比如天津市高级人民法院（2014）津高民四终字第 22 号民事判决书。

对于损害后果,《民法典》第 1229 条规定的"侵权责任"有多种方式。一种是恢复原状。在适用这种方式时,应当与《民法典》第 1234 条生态环境损害修复进行衔接以及区分,避免重复的修复工作或重复的修复费用计算。①

另一种更为主要的侵权人承担侵权责任的方式是向被侵权人赔偿损失,以完全赔偿为原则,有多少损害赔偿多少。就财产损害而言,适用《民法典》第 1184 条"财产损失按照损失发生时的市场交割或者其他合理方式计算"。就人身损害而言,适用《民法典》第 1179 条的规定,即"侵害他人造成人身损害的,应当赔偿医疗费、护理费、交通费、营养费等为治疗和康复支出的合理费用,以及因误工减少的收入。造成残疾的,还应当赔偿辅助器具费和残疾赔偿金;造成死亡的,还应当赔偿丧葬费和死亡赔偿金"。

除此之外,环境侵权造成自然人人身权益造成严重精神损害的,可以适用《民法典》第 1183 条的精神损害赔偿,"被侵权人有权请求精神损害赔偿"。这里存在"严重精神损害"的要求,偶尔的痛苦和不高兴不能认为是严重精神损害。② 被侵权人只是遭受了一般的或轻微的精神损害,无法获得精神损害赔偿金。精神损害"严重"的情况在环境侵权中主要表现为受害者的死亡或残疾。侵害人身权益造成被侵权人死亡或残疾,当然表明被侵权人或死者的近亲属遭受了严重的精神损害。残疾和失去亲人的痛苦,作为"严重精神损害"无须举证,是基于痛苦的可感受性以及人之天性得知。在其他情形下如有严

---

① 在最高人民法院发布的 2019 年度环境资源典型案例"中山市围垦有限公司与苏洪新等 5 人、中山市慈航农业投资有限公司土壤污染责任纠纷案"中,土地使用权人等被侵权人在私益诉讼中可就与其人身、财产合法权益保护密切相关的生态环境修复提出主张。参见中国法院网,https://www.chinacourt.org/index.php/article/detail/2020/05/id/5195777.shtml,最后访问时间:2020 年 8 月 12 日。

② 参见全国人大常委会法制工作委员会民法室编著《中华人民共和国侵权责任法条文说明、立法理由及相关规定》,北京大学出版社 2010 年版,第 81 页。

重的精神损害，则需要被侵权人举证证明存在严重精神损害。①

　　另外，需要考虑《民法典》第 1167 条规定的停止侵害、排除妨碍、消除危险等侵权责任是否能适用于《民法典》第 1229 条。第1229 条中"因污染环境、破坏生态造成他人损害的"在解释上是要有实际损害发生，方能要求侵权人承担侵权责任，而停止侵害、排除妨碍、消除危险等责任方式的适用是不以侵权行为造成损害为要件的。由此，《民法典》第 1229 条的"侵权责任"不包括停止侵害、排除妨碍、消除危险等责任方式。但是，停止侵害、排除妨碍、消除危险等责任方式在环境侵权案件中仍然可以适用，其规范基础是《民法典》第 1167 条所确立的一般规则。停止侵害的侵权责任方式通常适用于正在进行的、持续的侵权行为。停止侵害的责任方式，可以在诉讼之前提出，也可以在诉讼过程中提出，当然更应在诉讼判决中适用。如果排污行为对他人的生命财产安全构成威胁或者妨碍他人正常的生产、生活，则可以适用排除妨碍、消除危险的责任方式。由于环境污染行为在多数情形下是由合法的、能够增进社会利益且难以避免的企业经营行为造成的，要求责任人完全排除妨碍、消除影响是不现实的，因而，排除妨碍、消除影响的实践运用更为严格，一些更具灵活性的制度在实践中得以生成和发展。②

---

① 参见程啸《侵权责任法》，法律出版社 2011 年版，第 574 页。
② 昆明市中级人民法院与昆明市公安局于 2011 年出台了《关于在环境民事公益诉讼中适用环保禁止令的若干意见（试行）》和《关于公安机关协助人民法院执行环保禁止令的若干意见（试行）》两个规范性文件，对环保禁止令的相关程序性问题及公安机关协助执行问题做了进一步的细化规定，统一两级法院和公安机关开展环保禁止令的工作。上述文件在全国首创了对环境污染行为的"禁止令"，即出现紧急情况，如果不及时制止被告的行为，将严重危及环境安全、可能造成环境难以恢复、加重对环境破坏的，公益诉讼人可以向法院申请"禁止令"。法院经审查认为确有必要的，可以发出"禁止令"，责令被告立即停止相应行为，并由公安机关协助执行。环境侵权责任的强化应当设立"诉前禁令"制度。加之，环境污染和生态破损事故自身的不可逆性以及事故发生后的难以制止性，都呼吁司法力量的提前介入，通过司法机关发布环保"诉前禁令"并由公安机关协助执行，可以形成更为有力的保护。参见张新宝、庄超《扩张与强化：环境侵权责任的综合适用》，《中国社会科学》2014 年第 3 期。

（二）大规模环境侵权下的损害及责任

在环境侵权案件中，对单个主体的损害的处理并非难事。较为典型的以及更为复杂的则是，在大规模环境侵权事件中，基于同一个环境污染行为、生态破坏行为或者多个具有同质性的环境侵权行为，给为数众多的受害者造成人身、财产损害或者同时造成上述两种损害，需要提供数额巨大的损害赔偿救济以及进行更好的预防。对于这类事件，无法以单个主体精准救济的方式予以应对。比如"死亡赔偿金"，其内涵纳入了"被扶养人生活费"，由未来可得收入的概念予以统摄。因此，在"死亡赔偿金"赔偿标准的制度设计中，应当考虑采用收入损失标准作为"死亡赔偿金"的计算标准，以实现损害的完全赔偿。但是，在社会生活中，人们往往直观地认为"死亡赔偿金"是对死者生命的损害赔偿，因生命具有同质性，"死亡赔偿金"不应有金钱价值上的区别。甚至有人批评"一命二价"是对农民的歧视，没有贯彻《宪法》第 33 条规定的"中华人民共和国公民在法律面前一律平等"的原则。尤其是在一次事故中受害人有农村居民和城镇居民的情形，赔偿悬殊，反差对比强烈，容易导致农村居民受害人认为法律不公平。[①] 为此，《最高人民法院经常居住地在城镇的农村居民因交通事

---

① 实际上，这种批评是一种误解。民法的损害赔偿是就受害人的"损失"进行赔偿，生命消失是无可挽回的损失，但生命是无价的，不能用金钱来计算和评价。死亡赔偿金实质是对赔偿权利人收入损失的赔偿，并非基于对生命价值的衡量计算的赔偿。受害人的收入损失客观上存在差别，也就导致不同人的死亡赔偿金存在差别。死亡赔偿金的赔偿请求权人不是死者而是其近亲属。生命受侵害以受害人死亡为成立要件。死亡结果导致受害人权利主体资格消灭，死亡受害人就生命丧失本身并不享有赔偿请求权，也非赔偿权利人。此时需要填补的利益损失，乃是受害人近亲属因受害人死亡导致的生活资源减少和丧失。另外，民法对损失的赔偿除财产损失赔偿外，还有精神损害赔偿。受害人死亡对其亲属会造成精神痛苦，并且生命丧失本身就是最大的损失。这种损失虽然不能通过财产价值来衡量，但可以通过给付精神损害抚慰金体现对生命这一人格价值的特殊尊重和保护。精神损害抚慰金是不区分城镇居民和农村居民的，它与体现对财产损失赔偿的死亡赔偿金和残疾赔偿金有本质的区别。

故伤亡如何计算赔偿费的复函》〔(2005)民他字第 25 号〕中明确，
如果受害人已经在城镇居住，且以城镇就业收入为主要生活来源，应
以城镇居民的标准计算残疾赔偿金或死亡赔偿金。为进一步解决个案
审理中存在的"二元标准"不合理问题，最高人民法院于 2007 年 5
月在长沙召开了全国民事审判工作会议，提出了若干指导性意见：对
同一事故中身亡的，原则采取同一赔偿标准；对进城务工的农民工，
按其经常居住地标准予以赔偿。《侵权责任法》吸收司法实践中的经
验，同时借鉴比较法上处理环境污染、交通事故等导致大规模侵权死
亡案件中"概括的一揽子赔偿方式"，就同一事故造成多人死亡的情
形，明确规定可以以相同数额确定死亡赔偿金。①

在这个背景下，《民法典》第 1180 条延续《侵权责任法》第 17
条的规定："因同一侵权行为造成多人死亡的，可以以相同数额确定
死亡赔偿金。"该条的规范目的，是在同一侵权行为造成多人死亡的
特殊情形，规定可以按照相同数额确定死亡赔偿金，以修补因社会差
别造成的法律适用上的社会矛盾。② 其功能在于：在诉讼方面，以相
同数额确定死亡赔偿金可以避免举证的烦琐或困难，并防止因此而导
致的诉讼拖延，使受害人及时有效地获得赔偿，减轻法院负担，节省

---

① 参见全国人大常委会法制工作委员会民法室编著《中华人民共和国侵权责任法解读》，中
国法制出版社 2010 年版，第 79 页。

② 2019 年 5 月 5 日《中共中央　国务院关于建立健全城乡融合发展体制机制和政策体系的意
见》中提出，要建立健全有利于城乡基本公共服务普惠共享的体制机制，改革人身损害赔
偿制度，统一城乡居民赔偿标准。该意见第 17 条提出："（十七）统筹城乡社会救助体
系。……改革人身损害赔偿制度，统一城乡居民赔偿标准。"据此政策依据，2019 年 9 月，
最高人民法院下发《关于授权开展人身损害赔偿标准城乡统一试点的通知》，授权各省、
自治区、直辖市高级人民法院根据具体情况开展人身损害赔偿纠纷案件统一城乡标准试点
工作。2020 年 3 月 24 日，北京高院发出通知，决定在全市法院开展此项试点工作，对侵权
行为发生在 2020 年 4 月 1 日以后的机动车交通事故责任纠纷案件、交通肇事刑事案件的附
带民事诉讼案件，不再区分城镇居民与农村居民，试行按照北京市上一年度全市居民人均
可支配收入标准统一计算残疾赔偿金、死亡赔偿金。全国各地高级法院根据《中共中央
国务院关于建立健全城乡融合发展体制机制和政策体系的意见》以及最高人民法院授权试
点通知，已经普遍开展人身损害赔偿案件统一城乡居民赔偿标准的试点工作。

诉讼资源。在社会效果方面，可以弥合社会矛盾，促进社会和谐。[①]
该条中的"相同数额"，是指确定死亡赔偿金不区别城镇居民和农村
居民的身份，一律适用统一的赔偿数额或标准。其数额的确定不一定
按照司法解释的规定适用"城镇居民人均可支配收入"或者"农村
居民人均纯收入"标准，可以是其他任何标准，如《国家赔偿法》
规定的"上一年度职工平均工资"标准；也可以是根据案件具体情况
概括确定的赔偿数额，而没有据以计算的任何具体标准。只要赔偿数
额相同，就符合该条规定。实践中，通常会按照"就高不就低"的原
则，参照城镇居民死亡赔偿标准确定赔偿数额。符合该条适用范围的
情形，只是"可以"以相同数额确定死亡赔偿金，而不是任何因同一
侵权行为造成死亡的案件都"必须"或者"应当"以相同数额确定
死亡赔偿金。[②]

（三）大规模环境侵权下的健康权损害救济与预防

在大规模环境侵权事件中，除了致死产生死亡赔偿金这类最严重
后果之外，更为常见的则是对人们健康的危害或损害。

大规模环境侵权所产生的不利影响范围往往很大，会使生活在受
污染地区甚至更广范围的人群健康受到侵害。更重要的是，在很多情
况下，环境污染对人体健康所造成的不利后果并非立即显现为每个人
的疾病症状，而是对生活在污染环境中的人们产生潜在的影响，在一
定程度上导致人体有关指标的恶化，对健康造成隐患。基于不同的生
活习惯、体质等因素，这种隐患对有的人而言可能转良。但是，经过
有害物质的长期积累，对更多的人而言则转恶成疾病，导致最终患病

---

① 参见全国人大常委会法制工作委员会民法室编著《中华人民共和国侵权责任法解读》，中
　国法制出版社 2010 年版，第 79－80 页。
② 参见全国人大常委会法制工作委员会民法室编著《中华人民共和国侵权责任法条文说明、
　立法理由及相关规定》，北京大学出版社 2010 年版，第 67 页。

的人数不断增多。这种复杂的非健康状态无法仅依靠民法单一的判断标准，即以受害人个体实际发生的病症为损害。民法健康权所具有的消极属性以及事后救济的固有思维也会促使这种复杂情况向更恶劣的状况发展。从现有的实践来看，对此类事件的救济大多采取两种措施：一种是以司法调解的方式要求污染者对相关人员进行补偿，① 另一种是以行政补偿的方式直接由政府对相关人员进行补偿。② 在大规模环境污染事件发生后，通过公权力的积极介入，筹集和分配补偿资金，直接提供救济或者协调侵权者提供救济，最终避免严重社会问题的产生。这是这些措施的积极意义，但它们也存在明显的缺陷，即政府部门介入的目的大多是维护社会的稳定，秉承"稳定压倒一切"的执法理念，以至于这种措施仅具有临时性，从而面临公平公正的质疑。③ 造成目前困局的根源在于未能认识环境侵害健康权的复杂性，仅限于对健康权进行损害后的救济。

就健康权侵害而言，在较为复杂的环境侵权事件中，其救济是比较困难的。根据通俗的看法，健康就是"没有病"，这也在很大程度

---

① 比如甘肃徽县血铅超标事件。徽县某有色金属冶炼公司大量排放污染物，导致大范围人群产生不良反应。徽县法院以调解方式结案。据调解方案，污染企业支付 900 余万元用于赔偿。在法院登记的 3000 多名受污染者中，1800 多名血铅检测结果超标的受害者获得补偿。对于按照目前标准未查出血铅超标的人，污染企业按 300 元/人的标准进行补偿。另外，徽县人民法院牵头设立了救助基金，为铅污染受害人提供后续帮助。参见曾华锋、王乐文《甘肃徽县血铅超标事件调查》，载《人民日报》2006 年 9 月 12 日第 5 版。
② 比如湖南浏阳镉污染事件。因浏阳某公司炼钢生产线出现污染事故，造成周围的村民相继出现全身无力、头晕、胸闷、关节疼痛等症状。当地政府对污染受害者进行了补偿。补偿主要是通过政府投入的方式调派人力、物力。对一般患者，当地政府组织免费集体尿镉体检，以财政能力为限、依赖医疗检查结果简单分级分别给予均等"补贴"，对尿镉单项超标的补偿 500 元/人，尿镉和 β2 - 微球蛋白双项超标的补偿 1000 元/人。对重病患者给予包括医疗费、护理费、营养费在内的一次性补偿款，对死亡的人进行尸检，证明是镉中毒所致，一次性补偿 20 万元/人。参见龙军《浏阳镉污染悲剧是如何酿成的》，载《光明日报》2009 年 8 月 11 日第 5 版。
③ 参见林海鹏等《我国环境污染健康损害补偿现状研究》，《中国人口·资源与环境》2013 年第 5 期。

上反映于理论观点中。① 随着科学的发展以及认知的深入，对健康的看法不再局限于此。在《世界卫生组织组织法》中，健康被界定为："不仅为疾病或羸弱之消除，而系体格、精神与社会之完全健康状态。"② 世界卫生组织在 1978 年的《阿拉木图宣言》中重申：健康不仅是疾病与体虚的匿迹，而是身心健康社会幸福的总体状态。③ 较之通俗的看法，世界卫生组织扩大了健康的内涵，其不再仅限于无疾病的状态，而是包括了三个方面，即身体健康、心理健康以及社会适应的完好状态。由于该定义是世界卫生组织提出的，故而被广泛引用。《辞海》就采纳了这种解释，即"人体各器官系统发育良好、功能正常、体质健壮、精力充沛，并具有健全的身心和社会适应能力的状态"。④ 然而国内外很多学者认为这种对健康的认识在实践中是不存在的，不适合评价一个正常人的客观现实状态，只是一种理想。⑤ 从上述观点来看，"没有疾病"是对健康的共同认识，但是这仅为底线。若仅以此底线来识别非健康状态，则过于狭隘，无法应对各种情况的需要。但如果将健康理想化，甚至突破了医学、法学等学科的界限，⑥则可能导致非健康状态的无限制扩展，难以设置适当的制度措施。大规模污染情况下出现了多样化的非健康状态，无论是底线共识，抑或理想状态，都无法对这些表现做出妥当的界定，这需要对具体的情况进行相应的辨析。

1. 疾病与健康隐患

在健康损害后果的表现上，疾病是最典型的形式，即身体器官、

① 参见〔英〕边沁《道德与立法原理导论》，时殷弘译，商务印书馆 2000 年版，第 102 页。

② "关于世卫组织"，http://www.who.int/about/zh/，2020 年 5 月 2 日访问。

③ 《阿拉木图宣言》，http://www.who.int/topics/primary_health_care/alma_ata_declaration/zh/，2020 年 5 月 2 日访问。

④ 《辞海》，上海辞书出版社 2001 年版，第 722 页。

⑤ 参见黄奕祥《健康管理：概念界定与模型构建》，《武汉大学学报》（哲学社会科学版）2011 年第 6 期。

⑥ 参见赵东耀《论健康需求的无限性与医学责任的有限性》，《医学与哲学》2002 年第 5 期。

机能正常状态的损坏以及由此产生的不良反应等状况。这种对健康损害的认识常见于民法领域。[①] 由此，在民事案件的裁判中，对环境污染导致健康损害后果的判定，基本停留在环境污染导致发生疾病的直接治疗费用层面。对于受污染群体遭受的慢性疾病、免疫力下降、并发症诱因等问题，通常以因果关系难以判断、赔偿金额难以确定等理由不予认定。[②]

然而，对健康与疾病的界定并非泾渭分明。根据结构功能指数、生化防御指数等重要参数，可分离出若干种相互对应的状态。[③] 事实上，在遭受不良影响时，人体健康产生恶化反应是循序渐进的，在环境污染情况下尤为如此。这大体表现为五个层次：（1）不引起生理变化的负荷增加；（2）生理轻微变化；（3）生理代偿状态；（4）疾病；（5）死亡。这五个层次在人群中的反应程度及发生概率呈金字塔形分布。第1、2层次都是对健康的潜在影响，表现为某些人体指标或多或少的不良变化。这两个层次中受影响的群体人数最多；第3层次即有实质性的不良反应，比如头晕、全身无力、肌肉关节酸痛、神经衰弱等，此状态是前两个层次中的一部分人生理状况不断恶化的结果；到了第4、5层次则产生严重的后果。[④]

前面三个层次属于健康的隐患，区别于有实际症状的疾病。尽管隐患并不一定转化成最终的疾病，对有的人而言可能消除，但是对很多人而言，随着环境污染暴露时间的增加、有害物质的不断积累，其会转恶为实质病症。"潜伏期—病状期—显露期—危险期"是有毒物

---

① 参见梁慧星《民法总论》，法律出版社 2007 年版，第 94 页；王利明《人格权法研究》，中国人民大学出版社 2005 年版，第 382 页；张新宝《侵权责任法原理》，中国人民大学出版社 2005 年版，第 188 页。

② 参见吕忠梅等《环境损害赔偿法的理论与实践》，中国政法大学出版社 2013 年版，第 26、212 – 213 页。

③ 参见廖福义《界定健康与疾病的谱级指数论》，《医学与哲学》1990 年第 8 期。

④ 参见王振刚主编《环境医学》，北京医科大学出版社 2001 年版，第 5 页。

质从量变引起人体生理机能质变的过程。环境侵害导致人体健康危害的过程具有潜伏期长的特质，往往需要经过相当长的时间才能显现出来，病程进展不易察觉，一旦暴发，其后果非常严重。[①] 因此，尽管在个体层面难以即时地确定污染行为发生后罹患疾病的具体受害者，但是在整体层面上完全可以确证生活在受污染地区的人因遭受污染的危害存在或轻或重的健康隐患。

在民法中，对损害的界定需要达到"显著的不利益"，表现为"差额"，要求损害的实际性。因此，健康隐患并未被民法理论和裁判纳入损害范畴。与一个实际病症的受害者相比，面临健康隐患的个体的利益还没有遭受显著性减损。尽管如此，人们对损害内涵的认识是一个不断发展的过程，目前视为隐患的状况不排除随着科技发展在未来被法律确定为实际损害。对健康隐患及转化的认知与科技发展密切相关，比如科学家目前能够检测到细胞内组织的改变、高强度的染色体变异，这对癌症的发生和死亡率具有显著的预测功能，由此不断增长的知识在将来会使我们在任何症状出现之前即可诊断出疾病。[②] 尽管民法因其结构的局限而对健康隐患存在容纳障碍，但对于整个法律体系来说，尤其是预防类规范，健康隐患值得重视并应被纳入调整范畴。

2. 个体型健康损害与群体型健康损害

在传统的环境污染事件中，通常污染范围较小、程度较轻，因生态系统本身具有的自净能力，环境本身的损害微乎其微，由此对生活在环境中的人而言，也仅造成单个或者数个受害人的健康受损，这就是个体型健康损害。在此类型下，受害人随着损害行为的结束而确定，不会增加。即使在有的情况下受害者众多，但数量仍可准确

---

① 参见周宗灿《环境医学》，中国环境科学出版社 2001 年版，第 10－12 页。

② 参见李冬梅、韦经建《论现代环境法面临的若干新问题——以美国环境法为视角》，《当代法学》2008 年第 3 期。

计算。

然而在大规模环境污染下，土壤、大气、水等环境要素被严重毒化，生态系统恶化，对此需要进行长久的修复工作，有的甚至难以修复。在此情况下，经生态系统的循环，最终导致某个地区群体甚至整个社会人群的健康受损。这种情况就是群体型健康损害。这不再仅仅是某个人所面临的问题，更是在这个环境中的群体所共同面对的困境。就我国目前的环境形势而言，尽管处于"总体好转"状态，但环境污染问题的"局部恶化"引发的群体性事件业已成为焦点和难点问题。[①] 备受社会广泛关注的"癌症村"就是典型的群体型健康损害现象。尽管癌症与个体体质、生活习惯乃至遗传基因等因素具有关联性，但根据调查研究，环境污染所引起的健康影响包括恶性肿瘤的发病率和病死率增加、新生儿畸形以及各种恶性传染病的出现等。[②]

在群体型健康损害情况下，污染的后果不限于污染行为的发生地，危害的时段也不会仅限于污染行为发生的时间，会蔓延至周边甚至更广的区域，并延续相当长的时间，呈现出跨时空的特点。同时，很多受害者所受损害在侵害时是不易觉察的，只有经过时间推移才能发现。于是，受害者的数量庞大且具有开放性，难以统计。这种群体型健康损害所涉群体并非有组织的，而仅仅是"类群"，即人们基于共同的属性而划归一类的无组织群体。[③] 这里涉及的权利义务并非群体的，而是群体组成人员自身的权利义务。尽管如此，个体的权利义务是凭借该个体作为类群的成员资格才拥有的。

从现行法来看，健康的群体属性得到了立法的关注，尤其是新修订的环境类法律。《海洋环境保护法》《固体废物污染环境防治法》

---

① 参见林海鹏等《我国环境污染健康损害补偿现状研究》，《中国人口·资源与环境》2013年第5期。

② 参见余嘉玲、张世秋《中国癌症村现象及折射出的环境污染健康相关问题分析》，载《中国环境科学学会学术年会论文集》2009年，第880－889页。

③ 参见〔美〕卡尔·威尔曼《真正的权利》，刘振宇等译，商务印书馆2015年版，第264页。

《放射性污染防治法》《环境噪声污染防治法》《放射性废物安全管理条例》《水污染防治法》等以及原环保部于 2014 年修订的《环境损害鉴定评估推荐方法》（第 Ⅱ 版）几乎都关注到了健康问题，在法条中所使用的术语是"人体健康"，用以表达其中一项立法目的。但是这些法条的落脚点大多在于保障或促进经济和社会全面协调可持续发展，缺乏与健康问题的具体衔接，以至于将环境污染情况下的健康损害交由《侵权责任法》解决，而《侵权责任法》对具有公共性质问题的处理又显得捉襟见肘。所幸的是，立法注意到了这个问题，新修订的《大气污染防治法》第 1 条以及《环境保护法》第 1 条将"人体健康"修正为"公众健康"。原环保部 2018 年《国家环境保护环境与健康工作办法（试行）》进一步强调了要推动保障"公众健康"理念融入环境保护政策。这里的修改以及强调不仅仅是单纯词语的替换，更是立法思想的更新。尽管在具体保护措施上尚有进一步完善的空间，但是这种更新修正了原来健康保护的个人主义思路，在立法目的上彰显了健康保护的整体性法律观，为对群体型健康的保护与救济提供了基础。

　　环境污染导致的群体健康损害不同于传统社会的普通侵权损害后果，它是风险社会中风险的现实表现。这里的现实并非仅仅指代几起突出的社会事件，而是那些导致工业社会的控制逻辑失效的普发性风险，它没有时空等因素的限制，生态退化和环境公害等负面后果不断叠加，严重到始料未及的程度，已造成了整个社会思考方式的转变，在很大程度上对传统社会秩序的基本假设提出了质疑。① 这对国家相关部门公平、有效地救济受害者及处理后续问题提出了新的要求。② 大规模环境污染所致的健康损害已远非简单的民事案件，众多受害者

---

① 参见〔德〕乌尔里希·贝克、约翰内斯·威廉姆斯《关于风险社会的对话》，薛晓源、周战超编《全球化与风险社会》，社会科学文献出版社 2005 年版，第 303 – 304 页。

② 参见〔德〕乌尔里希·贝克《风险社会》，何博闻译，译林出版社 2004 年版，第 39 页。

强烈的救济需要给经济秩序和社会稳定造成了巨大压力，这涉及社会公共事件的管理问题。传统的侵权法是按照侵权人与被侵权人一对一的假定模式设计相关救济制度的，多数人侵权的案件属于法律规定的特别情况，而受害人人数众多的大规模侵权事件并没有受到特别的关注。对此，整个损害救济制度必须随着社会经济发展重新评估，创设更合理的救济程序，有效配置社会资源，使受害人获得更合理公平的保障。[1] 在救济已发生损害的同时，更需要对这种后果恶劣的事件进行预防，因此应当对"公共健康"予以重视，即通过社会有组织的努力来实现疾病预防、健康保护。[2] 与一般的健康概念相比，"公共健康"重视人群的健康，针对可能造成群体型健康损害的危险进行预防，而不是局限于个体健康损害的治疗。由此，它涵盖了所有与群体性健康相关的问题，包括经济发展、收入分配、健康保健的基础结构、人口过剩等。公共健康概念突出了政府的职责与宏观调控，政府的权力和责任便是通过命令和其他强制手段消除对于公共健康的威胁。

　　3. 非健康状态与生态环境损害的关联

　　上述非健康状态是与生态环境损害密切关联的，环境污染中的废气排放物、重金属物质、危险化学品、放射性物质等是人体健康产生恶化的主要因素。这也是比较法判例中确立健康公害，并建立补偿基金的直接依据。[3] 由此可见，尽管环境与健康是两类不同的事物，但其在大规模环境污染事件下却是紧密关联的，即人体健康的前提之一是生活在良好的生态环境中，一旦生态环境受到污染，那么生活在其中的人群健康会间接地遭受侵害，从而产生各种非健康状态。因此，

---

① 参见王泽鉴《侵权行为》，北京大学出版社 2009 年版，第 36 页。
② 参见肖巍《公共健康伦理：概念、使命与目标》，《湘潭大学学报》（哲学社会科学版）2006 年第 3 期。
③ 参见〔日〕日本律师协会《日本环境诉讼典型案例与评析》，皇甫景山译，中国政法大学出版社 2011 年版，第 27 页以下。

维护人体健康的必要条件是积极地保护生态环境。在大规模污染事件的处理中，对回应生态环境损害的同时也应当关注人群健康。

但是在实践中，涉及大规模环境污染的环境公益诉讼对群体非健康状态予以确认的情况却很难见到，典型的如 2016 年山东省德州市中级人民法院对"中华环保联合会诉德州晶华集团振华有限公司大气环境污染责任纠纷公益诉讼案"首次以公益诉讼形式对大气污染情况下的生态环境损害做了回应，其被媒体称为"大气污染公益诉讼第一案"。① 该案一审判决基于被告超标排放二氧化硫 255 吨、氮氧化物 589 吨、烟粉尘 19 吨确定造成了"生态损害"，判定振华公司赔偿超标排放污染物所致损失 2198.36 万元，支付至德州市专项基金账户。② 虽然该案确认大气污染造成了生态损害，却没有回应更为社会关注的另一个焦点，即人群的健康问题。事实上，雾霾可对人体健康产生诸多不良影响已经为科学所确证。③ 尽管在目前个案诉讼的层面，基于种种原因难以对群体健康予以直接回应，但是在整个法律体系层面，对这个社会关切的问题却不能回避。

4. 民法健康权的功能、限度及可能的扩展

传统侵权中健康损害的个体性及实际性是与民法健康权的功能相适应的。在民法中，健康权属于人格权，是享有身体器官及其机能的正常状态的权利。④ 这种权利具有宣示性，其目的在于宣示具体的个

---

① 参见邢婷《"有牙齿"的环保法迎来首例大气污染公益诉讼》，载《中国青年报》2015 年 3 月 27 日第 6 版；邢婷《全国首例大气污染公益诉讼一审宣判》，载《中国青年报》2016 年 7 月 21 日第 6 版。需指出的是，在既有的案例中，有体现环境公益损害的情况，但有的以调解形式结案，有的以共同诉讼的形式体现，并未以公益诉讼的形式主张公益损害。比如湖南省长沙市中级人民法院（2014）长中民未终字第 02240 号民事判决书、广西壮族自治区柳州市中级人民法院（2003）柳市民终（一）字第 864 号民事判决书、山西省高级人民法院（2000）晋法民初字第 6 号民事判决书。

② 参见山东省德州市中级人民法院（2015）德中环公民初字第 1 号民事判决书。

③ 参见陈仁杰、阚海东《雾霾污染与人体健康》，《自然杂志》2013 年第 5 期。

④ 参见梁慧星主编《中国民法典草案建议稿附理由·总则编》，法律出版社 2013 年版，第 55 页；朱庆育《民法总论》，北京大学出版社 2013 年版，第 396 页。

人对自身所拥有的健康状态。① 对于权利人而言，健康的享有无须做出具有法律意义的主动行为。同时，在不妨碍他人和公共健康的前提下，权利人有接受或不接受治疗的自由，有选择医疗机构和医生的自由，有选择不同治疗方式的自由等。民法健康权是权利人享有的权利，专属于权利人自身，无法与他人分享。对于所有权利人之外的第三人来说，应履行不妨碍、不侵犯的消极义务。当某人对权利人的健康造成损害时，则根据《侵权责任法》，其应承担侵权责任。

民法的健康权承担了抵御个体型、疾病型健康损害的功能，尽管它一直发挥着重大作用，但是这种权利仅停留在对个体的生理机能方面的确认。它最大的缺陷表现在无法认识到个人健康与公共健康、个人利益和公共利益之间的关系，从而在规范国家公权力的介入与寻求保护等方面显得无能为力。随着社会工业化、城市化、全球化的发展，健康问题已经远远超出了个人的范畴，逐渐成为一个社会问题。从健康权由私权上升为人权以及基本权利的历史进路来看，健康权不仅存在于私法领域，更是在宪法等公共领域要求国家通过积极行为履行自己的职责。②

由此看来，健康权包含双重属性，一方面是天然的消极性权利，即权利人生而享有，不需要任何作为，并抵御权利人之外的所有人和国家的侵犯，这典型地体现于民法中，并在宪法中有所展现。当越来越关系到社会的公共健康时，其积极属性的一面也完全呈现出来。这种积极性意味着，健康权并非完全意义上的生而享有、自给自足，也并非指向某个具体个人的权利，而是借助国家权力来实现个人健康的全面预防和保护，它要求国家针对不同情况根据社会发展程度采取不同措施，为实现和维护健康权积极作为。

---

① 参见窦海阳《人格权规范的属性与表达》，《南京大学学报》（哲学·人文科学·社会科学版）2015 年第 2 期。

② 参见蒋月、林志强《健康权观源流考》，《学术论坛》2007 年第 4 期。

5. 传统事后救济的困境与出路

民法健康权的消极属性决定了事后救济的方式，即"实际损害、个体赔偿"。由于侵权损害救济制度有完备的体系，其中也有关于环境损害责任的专门规定，所以环境单行法大多援引民法规范。比如1989 年《环境保护法》第 41 条规定，将造成环境污染危害的赔偿责任和赔偿金额的纠纷作为民事诉讼解决。2015 年修订的《环境保护法》第 64 条则更为明确地引致到《侵权责任法》中："因污染环境和破坏生态造成损害的，应当依照《中华人民共和国侵权责任法》的有关规定承担侵权责任。"在以往环境污染事件的应对上，侵权损害赔偿制度解决了大量由环境污染造成的个体性损害问题，在细微处对环境争议的处理的确起到了非常重要的作用。但是，如果仍持这种固有思路，则无法应对大规模污染事件所致的复杂情况，既无法妥当处理健康隐患，导致其转为实际损害的不良后果，又使得受污染的人群无法得到及时的救济，难以取得积极的社会效果。

正因为如此，实践中应对大规模侵害群体健康事件的临时措施并没有遵循民法的救济方式，即没有局限于有实际疾病症状的受害人，还包括了人体指标异常的具有健康隐患的受害人。这避免了将健康隐患排除在外而导致损害后果的进一步恶化；没有采取侵权诉讼个案救济的方式，而是根据不同情况采取对同一受害程度给付同等补偿费用的方式进行统一救济，避免了因适用传统侵权诉讼进行个案救济的烦琐以及可能带来的不平等争议。实际上，这些措施之所以行之有效，其原因在于符合了风险社会下损害社会分担的原理。

在风险社会下，每个社会成员都面对巨大的不确定风险，环境损害事件实际上是风险社会风险的具体转化。基于安全的考虑，社会成员团结起来共抗风险，其中重要的形式就是在全社会范围内或特定的社会群体范围内形成分散损失的机制。对社会分担的求助不仅是为了消极地分散风险，从积极意义上来说，通过集中社会分散的资金统一抵御和救济社会风险，在整体层面减少了对损害救济的成本，从而在根本上提高了综合社会损害防控体系的运行效率。^① 社会分担无法通过具体的每个人进行直接分担，需要借助承载社会团结的中介组织。这类组织在目的功能上，是应对损害事件而设立，具有广泛的社会基础，是社会成员共同抵御社会风险的义务的集中体现；在资金准备上，通过不同渠道的资金收集，具有应对风险的大量资金储备；在单位架构上，人员具有专业性，架构为能够高效地应对损害事件而设置。从理论讨论和实践适用来看，这类组织在我国主要表现为保险组织和基金组织。由这两类组织运用对环境损害后果的救济资金也分为两种类型：一是环境责任保险，二是环境救济基金。两类资金都是社会分担资金，但针对的救济范围不同，存在互补性，并非选择关系。至于侵权损害赔偿，尽管在整个损害救济领域，它与责任保险、社会救助的关系应当是平行的，^② 但是在大规模环境污染事件中，三者并不平行，甚至侵权损害赔偿发挥的作用很微弱。因为侵权损害赔偿的构成要件在这类事件中难以达成，即使能确定侵权人及其侵权责任，也难以满足救济需求。当然，侵权损害赔偿仍发挥一定的调整功能，比如侵权责任制度实际上是保险制度的结构性前提。

6. 环境健康风险预防与控制的建立

环境污染一旦造成群体型健康损害，其后果是非常严重的，甚至有些恶果是不可逆转的。比如，儿童长期生活在铅超标环境下，铅暴露达到一定程度将造成儿童的智力损害并将影响其终生。^③ 因此，"权利救济、损害弥补"的事后救济方式显然无法完全应对环境与健

---

① 参见许明月《论社会损害综合防控体系中的责任保险制度设计——基于损害救济与防控效率的社会成本分析》，《法商研究》2015年第4期。

② 参见王利明《建立和完善多元化的受害人救济机制》，《中国法学》2009年第4期。

③ 参见吕忠梅等《环境铅、镉污染人群健康危害的法律监管研究》，上海交通大学出版社2016年版，第101页以下。

康问题，在规范理念上还需要实现从事后救济到风险预防的转变。这种转变的本质是健康权从单一的消极属性扩展为多元属性的表现，其中更体现了对健康权积极属性的倚重。当然，这里的积极性并非体现为对疾病的救助义务，而是通过国家公权力建立的对环境健康风险的预防与控制体系。

环境健康风险是环境污染对公众健康造成不良影响的可能性。尽管无法从绝对意义上根除这种可能性，也不能在所有情况下避免其转化为实际病症，但是通过相应的技术手段和管理措施可以在一定程度上予以消减，也可以在一些情况下避免其转化为实际病症。因为环境健康风险与实际病症是两个层次，它们之间有递进的过程，可以通过相应的管理手段和措施阻止其递进。① 在此过程中，政府作为社会的"管理者"，负有保护环境、防治污染、维护环境安全，以保障社会公众的健康权益免受环境污染侵害的法定职责，所以政府是环境健康风险最直接、最有力的管控者、防范者。②

对环境与健康风险的管理主要是防止因污染环境导致健康损害问题的发生或削弱其影响程度，开展环境与健康监测、调查、风险评估等活动，并将调查评估结果运用于决策、管理中。如前所述，与个体的实际疾病不同，环境污染对公众健康的影响是长期性、隐蔽性的，当人体在污染环境中暴露时间不断增长，健康隐患随之显露并转恶为疾病。因此，针对与健康密切相关的环境因素比如环境健康风险源、环境污染因子暴露水平等，要开展持续、系统的监测活动，从而动态

---

① 参见窦海阳《〈侵权责任法〉中"高度危险"的判断》，《法学家》2015 年第 2 期。
② 在对环境健康工作的管理过程中，应当以政府主管环境保护的机构作为主导，明确环境与健康保护工作的领导体制、相关部门管理职责、部门间协调协同机制、环境与健康调查与风险评估机制、风险评估结果与决策行动关系机制、公众参与机制等。这样有利于改变原来多部门协作机制下"有牵头、无统筹；有分工、无合作"的尴尬局面。参见吕忠梅、杨诗鸣《美国环境与健康管理体制借鉴》，《中国环境管理》2018 年第 2 期。《国家环境保护环境与健康工作办法（试行）》所做出的相关规定就针对环保机构在环境健康工作中的主导性角色定位以及职责做了有益的尝试。

掌握环境健康风险的变化趋势。除了监测之外，还应为掌握当前或历史上环境污染与公众健康状况之间的关系对污染源调查、环境质量状况调查、暴露调查和健康状况等情况进行调查。根据监测以及调查，尤其是在重点区域、流域和行业，对环境污染造成公众健康的不良影响进行定性评估，识别主要风险来源，以及进行定量评估，估计风险发生的可能性及其危害程度。就目前的实际情况来说，存在监测与调查等供给不足的问题，即相关机关对环境污染影响公众健康的事件缺少深入调查，对污染损害、发病和死亡资料掌握不全面，对损害程度、病例分布、相邻地域的居民健康状况和危害源不清楚等。① 为此，《国家环境保护环境与健康工作办法（试行）》对环境健康风险的监测、调查以及评估做了规定，弥补了目前的缺陷。

对于环境健康风险的防控而言，有效的管理措施是对涉及危险的物品或活动进行管理时确定量化指标以及操作规程，符合该指标的可以适用，并严格按照规程从事相关事项。具体而言，根据对公众健康和生态环境的危害和影响程度，环境保护主管部门公布有毒有害污染物名录和优先控制化学品名录。依据该名录，结合环境与健康监测、调查、风险评估的结果，环境保护主管部门应将已对公众健康造成严重损害或具有较高环境健康风险的相关企业事业单位纳入重点排污单位名录，将有毒有害污染物相关管理要求纳入排污许可制度管理，并依法对排污单位安全隐患排查、风险防范措施等行为进行监督检查。结合经济技术可行性，采取纳入排污许可制度管理、限制使用、鼓励替代、实施清洁生产审核及信息公开制度等风险防控措施，最大限度地降低化学品的生产、使用对公众健康和环境的重大影响。除此之外，基于公众健康所确立的水环境基准、大气环境基准、土壤环境基准及其他基准也是重要的管理指标，应将其作为国家和地方环境标准

---

① 参见田开友《健康权的贫困：内涵、根源和对策》，《中南大学学报》（社会科学版）2012年第 5 期。

制修订和环境质量评价的重要依据。环境保护主管机关结合环境管理需要建立环境与健康标准体系，组织制定并发布环境与健康监测、调查、暴露评估、风险评估和信息标准等管理规范类标准，为评估环境健康风险、实施风险防控提供技术保障。

五　惩罚性赔偿的特殊规定

（一）《民法典》第 1232 条的基本情况

《民法典》第 1232 条规定，"侵权人违反法律规定故意污染环境、破坏生态造成严重后果的，被侵权人有权请求相应的惩罚性赔偿"。在污染环境、破坏生态情况下，该条对惩罚性赔偿做出规定，在我国法律体系中尚属首次，此前的法律法规中并没有关于环境侵权方面的惩罚性赔偿。但是，在此前以及现有的单行立法中，关于惩罚性赔偿的规定并不少见，比如《侵权责任法》第 47 条关于产品缺陷所致责任的惩罚性赔偿，《消费者权益保护法》第 55 条关于欺诈消费者的惩罚性赔偿，以及《食品安全法》第 148 条关于不符合食品安全标准的食品的惩罚性赔偿。《民法总则》第 179 条在民事责任承担方式中于第 2 款规定了"法律规定惩罚性赔偿的，依照其规定"。《民法典》"总则编"第 179 条第 2 款沿用此规定。《民法典》第 1232 条即属于《民法典》"总则编"第 179 条第 2 款所规定的"法律规定惩罚性赔偿的"情况。

在《民法典》编纂过程中，《侵权责任编草案（民法室室内稿）》并未有此规定。《侵权责任编草案（一审稿）》首次规定了"侵权人故意违反国家规定损害生态环境的，被侵权人有权请求相应的惩罚性赔偿"。《侵权责任编草案（二审稿）》《侵权责任编草案（三审稿）》在修改的基础上沿用了惩罚性规定。《民法典》最终予以采纳。需注意的是，《民法典》第 1232 条在最终正式文本中将各草案中的"国家规定"修改为"法律规定"。

一般认为，惩罚性赔偿是侵权人向被侵权人给付超过其实际损害的金钱赔偿。[①] 民法损害救济制度的主要功能在于弥补被侵权人所遭受的损害。秉承"损害填补"的基本原则，对被侵权人给予的金钱赔偿不能超出其所遭受的实际损失。在《侵权责任法》的立法过程中，就有意见认为，民事责任的损害赔偿以填平为原则，行为人情节严重的，可以追究其行政责任或者刑事责任，而不宜在民事法律中规定惩罚性赔偿。[②]

大陆法系国家对在侵权法中纳入惩罚性赔偿制度一直持有怀疑态度，因为传统的民法理论通常认为，私法损害救济制度的功能在于补偿被侵权人所受到的损害，而惩罚性赔偿的目的在于惩罚，并非补偿，所以这项制度从根本上违反了私法的性质，应当将其归为公法领域的责任制度。尽管如此，这种观点不断被修正，惩罚性赔偿在特殊情况下对被侵权人的救济作用及其具有损害填补原则所缺乏的社会功能，逐渐为大陆法系国家的理论和实践所认同，并在一定限度内引入了惩罚性赔偿制度。[③]

实际上，从惩罚性赔偿制度的产生与发展来看，它只是在通常损害赔偿制度之外形成的辅助性救济，并非对补偿性赔偿制度的根本性否认或反对。其制度的主要目的是在对被侵权人所受损害予以弥补之外，针对那些违反国家法律规定、在道德上应受谴责的侵权行为，通过对主观上存在恶意的侵权人施加更重的经济负担，达到惩戒制裁、遏制预防的效果。惩罚性赔偿在本质上仍然属于民事责任，不同于行政、刑事这类公法责任，因为惩罚性赔偿制度只是给予被侵权人一种

---

① 参见王利明《侵权责任法研究》（下卷），中国人民大学出版社 2016 年版，第 276-277 页。

② 参见全国人大常委会法制工作委员会民法室编著《中华人民共和国侵权责任法解读》，中国法制出版社 2010 年版，第 233 页。

③ 参见〔奥〕赫尔穆特·考茨欧、瓦内萨·威尔科克斯《惩罚性赔偿金：普通法与大陆法的视角》，窦海阳译，中国法制出版社 2012 年版，第 346 页以下。

获得超出所受损害的金钱赔偿的权利，并没有给予其处罚他人的权力。受害人是否可以获得惩罚性赔偿以及得到何种程度的赔偿，都是由法院最终裁决的。

就环境侵权而言，环境污染或生态破坏的侵权人往往是在对成本与收益进行比较后选择了实施环境侵权行为，因为侵权人污染环境或破坏生态所要承担责任的成本远远小于增加支出装备环保设备和专业人员的成本，况且侵权人实施环境侵权行为也有一种可能逃脱责任的侥幸心理。在当前复杂的社会结构下，公共机构的执法效能在及时性、有效性等诸多方面存在一定的弊端，客观上存在威慑不足等缺陷，不能有效地抑制相关致害行为。尤其是在环境保护领域中，造成我国生态环境保护形势严峻的重要原因就是原有的环境保护法律制度以及公共机构的环保执法存在诸多消极性问题，实际上促成了侵权人从环境污染或生态破坏行为中获得巨大的收益，客观上鼓励了环境侵权行为的不断发生。在这种情况下，补偿性赔偿制度的缺陷较为明显，不仅不足以遏制再次发生类似的环境污染或生态破坏事件，还有可能助长通过环境侵权的投机活动，削弱法律的威慑力。另外，如果侵权人因故意实施环境污染或生态破坏行为而获利巨大，被侵权人却无法确知究竟遭受了多大损失，那么补偿性损害赔偿制度的功能就可能无法有效发挥。较之追究侵权人责任的烦琐的诉讼活动，被侵权人按照损害填补原则所获得的赔偿费用无法促使其从中获得激励因素，甚至还无法填补其行为成本，难以实现追诉人正外部效益的内部化。在很多情况下，被侵权人并不愿意为获得微薄的赔偿金而提起烦琐的诉讼，也可能因担心不能完成举证事项的证明而面临败诉的危险，从而不愿意提起诉讼。由此，在环境侵权中引入惩罚性赔偿制度，通过激励私人提起诉讼而对侵权人实施惩罚，以弥补公共执法的不足，也可以弥补补偿性赔偿制度的缺陷以及诉讼机制对侵权责任的消极影响，从而产生对环境污染和生态破坏行为的遏制效果。

另外，毕竟惩罚性赔偿超越了民法损害填补的基本原则，在一定程度上与民法损害赔偿制度相左。如果依一般的责任构成要件适用惩罚性赔偿，那么可能会伤及无辜，甚至会导致民法体系或多或少的破坏。因此，对惩罚性赔偿的适用需要有较为苛刻的条件。《民法典》第1232条规定的目的是既要使惩罚性赔偿产生妥当的惩戒救济效果，又要避免其消极影响的扩大。因此，构成要件的设置以及赔偿数额的裁定要更为谨慎，不仅要求危害轻重与数额大小之间存在同向增减的正相关性，而且也要求两者之间应保持"大致相当"的量比关系，以显"等量报应"的个体公正。①

（二）主张惩罚性赔偿的权利主体

《民法典》第1232条规定的有权请求惩罚性赔偿的主体是"被侵权人"，这仅指民事权益受到侵害的民事主体，而不包括国家规定的机关或者法律规定的组织，其理由如下。

第一，从《民法典》的编纂过程来看，曾有观点指出将本条的"被侵权人"修改为"法律法规授权的机关或有关组织"，② 但是该观点最终并未被采纳。

第二，从《民法典》"侵权责任编"第七章"环境污染与生态破坏责任"的其他条款的描述来看，涉及"国家规定的机关或者法律规定的组织"作为权利主体的《民法典》第1234条和第1235条都有明确的表述。而"被侵权人"则在《民法典》整个"侵权责任编"中都是指民事权益受到侵害的民事主体。另外，第1234条和第1235条分别规定了生态环境损害的修复责任和赔偿责任。而第1232条的惩

① 参见程雨燕《环境罚款数额设定的立法研究》，《法商研究》2008年第1期。
② 参见2019年1月25日《十三届全国人大常委会第七次会议审议民法典侵权责任编草案》（法工办字〔2019〕20号）。

罚性赔偿条款处于第 1234 条和第 1235 条的生态环境损害救济条款之前。从条文的逻辑顺序来考虑，应该是补偿性赔偿在惩罚性赔偿之前，不可能先规定生态环境损害的惩罚性赔偿，而后再规定补偿性赔偿。

第三，对环境侵权设置惩罚性赔偿，主要目的应当是对个体受害人进行救济，从而产生惩戒效果。从整个侵权规范领域来看，惩罚性赔偿制度设置的初衷并没有直接针对个体受害人之外的公共利益的保护。我国于 1994 年实行对消费欺诈行为"假一赔二"的规定，这是我国确立惩罚性赔偿制度的开端，随后又拓展到产品责任等若干领域。虽然该制度在不同领域都体现了对大陆法系原本主导的补偿性赔偿理念的突破，且不同领域适用惩罚性赔偿制度所追求的制度功能的侧重点有所不同，比如赔偿受害人、鼓励维权、惩罚违法行为、遏制低成本侵权等，但对公共秩序以及利益的保护始终不是惩罚性赔偿制度的直接目的，仅仅是其间接的适用效果。就环境侵权领域而言，惩罚性赔偿制度虽有惩治侵权人、维护生态环境的效果，但从民法的目的性价值和权益保护的位阶来看，更重要的是救济和弥补处于弱势地位的个体受害人。侵权法在总体上倾向于保护受害人，不排除侵权法发挥对环境公共利益的保护功能，但原则上仍应该遵循民法保护个人利益和个人自由的根本价值，而对社会公共秩序的整体价值的维护则交由公法规制更为恰当。

第四，生态环境修复费用中常用的倍数计算方法已经带有一定的惩罚性。在司法实务中，对生态环境修复费用的确定往往会采取虚拟治理成本的倍数计算方法。《环境损害鉴定评估推荐方法》（第 Ⅱ 版）中指出，恢复成本远大于其收益或缺乏生态环境损害评价指标的情形，可适用虚拟成本治理法计算修复费用。有多起环境公益诉讼案件对生态环境修复费用的判决均考虑污染者的过错程度、污染物性质、周边环境敏感度等因素，酌定以虚拟治理成本 3～5 倍计算赔偿数额。

最高人民法院发布的环境公益诉讼典型案例在评价一起案件的典型意义时，指出倍数计算方法合理确定了"带有一定惩罚性质的生态环境修复费用"。①

第五，惩罚性赔偿制度通过超额的赔偿金，可以起到激励被侵权人积极主张自身权利的作用，但对于国家规定的机关或者法律规定的组织而言，提起相关的环境诉讼是基于其本身职责或社会存在的公共职能，无须通过超额赔偿金进行激励。另外，国家规定的机关或者法律规定的组织提起的生态环境损害本身的公益诉讼，其赔偿在很多情况下是巨额的。② 如果在此基础上再追究超额的惩罚性赔偿，从实践来看没有必要，也没有执行的可能。

（三）法律规定的违反与故意要件

《民法典》第 1229 条并未将违反法律规定作为环境侵权责任成立的条件，这是因为环境污染和生态破坏是现代社会不可避免的副产品，社会发展需要工业，那么也要容忍其带来的相关风险，所以"违反法律规定"并非环境侵权责任的要件。在《民法典》的编纂过程中，也有观点认为将违背《民法典》第 1229 条的规定，即"违反法律规定"作为惩罚性赔偿的构成要件不合理，加重了被侵权人的举证负担，不利于对被侵权人的全面救济。③ 但是，就环境侵权中惩罚性赔偿的适用而言，应当以"违反法律规定"为前提。如果环境污染行为或生态破坏行为没有违反国家法律的规定，那就可以认为该行为的恶劣程度还没有达到社会所不能容忍的地步，对此情形也就不适宜用惩罚性赔偿来产生惩戒效果。如果惩罚符合法律规定的排污行为，则

---

① 参见李丹《环境损害惩罚性赔偿请求权主体的限定》，《广东社会科学》2020 年第 3 期。

② 参见吕忠梅《环境司法理性不能止于"天价"赔偿：泰州环境公益诉讼案评析》，《中国法学》2016 年第 3 期。

③ 参见黄薇主编《中华人民共和国民法典侵权责任编解读》，中国法制出版社 2020 年版，第 251 - 252 页。

与环境类行政法律规范发生冲突，法律对企业行为的引导功能也会发生错乱，会给企业的正常生产经营造成混乱。

《民法典》第 1232 条所说的"法律规定"在适用中主要是指环境类的行政规范，比如《环境保护法》《海洋环境保护法》《大气污染防治法》《土壤污染防治法》《水污染防治法》等。在实践中，"法律规定"较为常见的是污染物的排放标准，比如《环境保护法》第59 条、第 60 条所规定的"违法排放污染物"、"超过污染物排放标准排放污染物"。该标准的主要功能在于环境管制，即行政主管部门根据排放者排放的污染物是否达到污染物排放标准的要求来决定是否需要对排放者进行处罚。① 尽管污染物排放标准不能直接作为以填补损害为目的的损害赔偿责任的依据，但它可以作为排污者违反法律规定承担惩罚性赔偿责任的重要依据。排污行为只要符合国家环境行政类法律规范的规定，那么在行政法上就具有合法性，属于企业的正常经营活动，法律对此不应进行惩罚。

这里的"法律规定"是指全国人大及其常委会颁行的狭义法律。是否还包括行政法规、部门规章、地方性法规、自治条例和单行条例、规章等属于《立法法》调整范围的规范，乃至《立法法》之外的命令、决议等其他的抽象性行政行为。从《民法典》的编纂过程来看，《民法典》第 1232 条的"法律规定"是从《侵权责任编草案》的"国家规定"修正而来。"国家规定"一词常见于《刑法》等公法之中，比如第 338 条污染环境罪"违反国家规定，排放、倾倒或者处置有放射性的废物、含传染病病原体的废物、有毒物质或者其他有害物质"、第 339 条非法处置进口的固体废物罪"违反国家规定，将境外的固体废物进境倾倒、堆放、处置的"。《刑法》第 96 条对"违反国家规定"做了界定："本法所称违反国

---

① 参见陈伟《环境标准侵权法效力辨析》，《法律科学》2016 年第 1 期。

家规定，是指违反全国人民代表大会及其常务委员会制定的法律和决定，国务院制定的行政法规、规定的行政措施、发布的决定和命令。"《刑法》对"国家规定"的限缩是为了避免规定范围过宽导致刑事惩戒过滥。由于惩罚性赔偿也具有惩戒的性质，因此《民法典》第 1232 条的"法律规定"的范围可以在刑法对"国家规定"的界定的基础上做出进一步缩减，即删减"国家规定"中不属于狭义法律范畴的"国务院制定的行政法规、规定的行政措施、发布的决定和命令"。同时，从限制惩罚性赔偿制度消极影响的目的解释来看，为避免违法性标准过度宽泛而在限制惩罚性赔偿方面失去效用，《民法典》第 1232 条的"法律规定"不能包括行政法规、部门规章、地方性法规、自治条例和单行条例、规章等属于《立法法》调整范围的规范，更不包括《立法法》之外的命令、决议等其他的抽象性行政行为。从法律的内容来看，现行法律的相关规定对禁止性规范已经有较为全面的覆盖，其他的行政法规、规章等只是在此基础上的细化。因此，即使限定在狭义的法律范畴，也不会产生惩罚性赔偿适用上的缺漏。另外，至于《刑法》中"破坏环境资源保护罪"的规定，其规定的行为要件较为抽象，且由环境类行政规范所囊括，因此《民法典》第 1232 条的"法律规定"在具体适用中没有必要引用《刑法》的规定。

《民法典》第 1232 条所规定的"故意"，是指明知其行为违反法律规定并可能会导致环境污染或生态破坏，却仍然为之。环境污染和生态破坏责任属于无过错责任，在责任的构成要件中不需要侵权人的过错，其理由在于现代社会中工业生产等危险活动的不可归咎性以及对受害人救济的偏向。但这并不否认在很多情况下侵权人故意实施污染行为或破坏行为，惩罚性赔偿在于对具有主观恶性的侵权人施以惩戒，并产生社会威慑效果。因此，应当以"故意"这类具有极强恶性的主观表现作为惩罚性赔偿适用的要件。①

对于侵权人"故意"的判断，是通过其侵权行为样态做出的，比如侵权人将未经处理的废水、废弃、废渣多次直接排放到环境中，常见的是侵权人设置暗管向地底下排放废水经地下河流入水源地。还有的是关掉净化系统、监测系统进行排放等。这些情况都属于故意为之。

《民法典》第 1232 条所涉及的"故意"的举证，较之本章其他条文，比较特殊。由于该条文并未如《民法典》第 1230 条一样明确规定举证责任配置的特殊规则，且第 1230 条也仅涉及因果关系、减免责的特殊举证责任，因此，仍应按照一般的举证责任"谁主张、谁举证"的规则，对侵权人"故意"的举证责任应当由原告承担。这种举证责任配置也有利于对惩罚性赔偿的适用起到有效的约束作用。原告在请求惩罚性赔偿金时，要证明被告的故意，通过增加诉讼难度，避免原告的投机行为，在达不到有关证明标准时，特别是不能证明被告的恶意时，不予判决惩罚性赔偿。

（四）后果的严重性

《民法典》第 1232 条规定的惩罚性赔偿须以"造成严重后果"为要件，这是对惩罚性赔偿适用的限制条件，理论上认为应有如下理由。第一，有利于防止惩罚性赔偿的泛化。如果仅此即给予惩罚性赔偿，显然不符合惩罚性赔偿的制度功能，也可能不当加重行为人的负

---

① 在《民法典》的编纂过程中，关于第 1232 条主观要件的取舍以及范围存在一定的争议。有的观点建议删除"故意"要件，或者提出"过失"造成严重损害也应适用惩罚性赔偿，以此扩大惩罚性赔偿的适用，从而达到加强对环境侵权人惩罚的效果。参见 2019 年 1 月 25 日《十三届全国人大常委会第七次会议审议民法典侵权责任编草案》（法工办字〔2019〕20 号）。但是，删除"故意"要件会导致惩罚性赔偿制度的惩戒目的难以实现，而且可能导致惩罚性赔偿金在一般过失甚至无过错情况下的滥用，容易伤及无辜。另外，第 1232 条对主观要件的要求较高，即使具有较大恶性程度的"重大过失"，也不构成惩罚性赔偿的要件。

担，并导致惩罚性赔偿适用的泛化，从根本上冲击民事损害赔偿以填平损害为原则的制度和价值理念。第二，有利于防止惩罚过度，确保"罚当其责"。行为人虽然有侵权的故意，但没有造成严重后果，就应当按照损害赔偿填补的一般规则，由行为人承担实际损失的赔偿责任，没有必要适用惩罚性赔偿规则。

《民法典》第1232条对于污染环境、破坏生态所致损害后果要求的程度是"严重后果"，但并未明确"严重"的具体程度。实际上，环境侵权的危害后果具有不确定性，受科学技术、认知能力所限，环境致害事件发生后，对相关致害范围、种类、程度等事实因素难以做出确切的定性与定量结论。就具体适用而言，可类比《侵权责任法》第47条、《消费者权益保护法》第55条中所明确规定的"造成死亡或者健康严重损害"。那么，在污染环境、破坏生态导致死亡或者严重的健康损害的情况下才可以适用惩罚性赔偿。当然，如果环境侵权行为导致的受害人人数众多，造成大规模的人群健康隐患，即使未显现出严重的病症，也应视为"严重后果"。在经济损失方面，则表现为环境污染或者生态破坏的侵权地域广、社会影响大，给权利人带来巨大经济损失或者其他严重后果。

另外，通常而言，生活在环境中的人因环境侵权而死亡或遭受严重健康损害，那么生态环境本身也必然遭到严重污染或破坏。但是，如果个案中未涉及人身伤亡，仅产生严重的生态环境污染或破坏，是否属于《民法典》第1232条的"严重后果"？由于该条的被侵权人是自身权益受到侵害的民事主体，而非国家规定的机关或者法律规定的组织，因此仅有生态环境污染或破坏而不涉及民事主体伤亡的，不属于该条的调整范围。

（五）惩罚性赔偿金的"相应"判断

惩罚性赔偿金与传统的侵权法损害救济体系存在一定的冲突之

处。为了妥当发挥其惩戒功能，并避免对整个损害救济体系带来的冲击，对惩罚性赔偿数额的确定至关重要。为了防止滥用惩罚性赔偿，被侵权人要求的赔偿数额过高，《民法典》第 1232 条在表述中使用了"相应"的限定要求。① 由于环境污染或生态破坏行为的恶劣性以及所致后果的严重性在不同的个案中存在显著的差异，因此，惩罚性赔偿的确定标准应具有适当的灵活性，给予法官一种依据侵权行为的可谴责程度裁量酌定惩罚力度的权力。以妥当实现惩罚与威慑为目的，法官可以决定最终裁判惩罚性赔偿金的额度。

当然，这种自由裁量的负面影响是可能在具体适用中出现赔偿金确定的随意性，从而可能导致司法不公的现象。因此，法官对"相应"的考虑需与下列因素相关联，以确定赔偿金的数额，并应在裁判理由中详细说明。

首先，"相应"与补偿性损害赔偿金的关系。对此有不同的观点，一种观点认为，应当按照一定的比例关系来确定惩罚性赔偿金的数额，不能与补偿性赔偿数额相差太大，既不能过高，也不能过低。否则，过低的惩罚性赔偿不足以产生惩罚与遏制侵权行为的效果，而过高的惩罚性赔偿会导致受害人获取的高额收益。另一种观点则认为，惩罚性赔偿适用是为了惩罚主观上存在严重可谴责的行为，而不是为了补偿受害人的损失，因此两者之间不必保持比例关系。② 本书认为，旨在贯彻过罚相当的原则，③ 惩罚性赔偿应当以被侵权人所受损害为基础，损害后果的大小是体现侵权行为程度的一个重要指标，只有在补偿性损害赔偿之后，才能进一步提出惩罚侵权人的权利主张。惩罚性赔偿请求权的发生，须以填补性损害赔偿的存在为要件。惩罚性赔

---

① 在民法典编纂过程中，有意见建议对惩罚性赔偿的范围、额度和计算方法进行界定。参见 2019 年 1 月 25 日《十三届全国人大常委会第七次会议审议民法典侵权责任编草案》（法工办字〔2019〕20 号）。

② 参见王利明《惩罚性赔偿研究》，《中国社会科学》2000 年第 4 期。

③ 参见朱广新《惩罚性赔偿制度的演进与适用》，《中国社会科学》2014 年第 3 期。

偿与填补性赔偿系两个请求权基础，前者附属于后者，若无填补性损害赔偿请求权，则不发生惩罚性赔偿。惩罚性赔偿不能单独存在。惩罚性赔偿的数额系以填补性损害为基础，相关立法通常按照赔偿额的一定倍数计算惩罚性赔偿，以维持合理的比例关系。[1]

其次，私法上的惩罚性赔偿与公法上罚款或罚金的体系关联。惩罚性赔偿作为私法责任，可以和公法责任并用。根据《环境保护法》等行政类法律，侵权人违法实施排放污染物等行为，可以对其进行罚款。根据《刑法》规定的破坏环境资源保护罪，违反国家规定排放污染物质等，可以对其处以罚金。为避免惩罚过度，在裁量确定惩罚性赔偿金时，法官应考虑污染者或破坏者的同一环境侵权行为被有关行政部门处以多少罚款，或被刑事法庭判处多少罚金。如果处以较重的罚款或罚金，应相应地判处较低的惩罚性赔偿金。

最后，"相应"与侵权人的行为方式、主观动机、赔偿能力等方面的关系。"相应"应当考虑侵权人的行为方式，通常多次污染、破坏等方式较之一次性环境侵权行为更为恶劣；"相应"应当考虑侵权人的主观动机，比如获取高额利益、恶意污染或破坏环境等动机的恶劣程度可以作为数额确定的参考因素；"相应"还可以考虑侵权人的赔偿能力，如果判罚超出了赔偿能力，那么可能会导致空判而损害司法权威，针对经济实力雄厚的污染或破坏环境的企业与经济实力较弱的个人，在类似情况下判罚的惩罚性赔偿金可以考虑前者多于后者。

---

[1] 参见王泽鉴《损害赔偿》，北京大学出版社 2017 年版，第 359 页。

第三章 环境污染与生态破坏责任的特殊构成

《民法典》在环境侵权领域的扩展，集中体现在第 1234 条和第 1235 条。前者规定了生态环境损害及其修复责任，后者规定了生态环境损害的赔偿项目。实质上，这两条都在规定因生态环境本身产生损害之后的救济问题。它们的纳入，涉及如何与传统民法仅针对个人利益损害救济所建构的体系相融合，如何与《环境保护法》等法律法规的规定相衔接，以及如何解决不同损害救济方式和相关诉讼程序等问题。对此，需要做详细的论证。

一 生态环境损害与责任承担方式的法律规定

《民法典》第 1234 条规定："违反国家规定造成生态环境损害，生态环境能够修复的，国家规定的机关或者法律规定的组织有权请求侵权人在合理期限内承担修复责任。侵权人在期限内未修复的，国家规定的机关或者法律规定的组织可以自行或者委托他人进行修复，所需费用由侵权人负担。"

该条的规定在原来的民事立法中未曾出现。对生态环境损害的提及与规定，先可见于中共中央 2013 年发布的《关于全面深化改革若干重大问题的决定》，其中有若干处提及，比如"对造成生态环境损害的责任者严格实行赔偿制度，依法追究刑事责任"。在国务院 2014

年发布的《关于促进市场公平竞争维护市场正常秩序的若干意见》中，也提及"建立生态环境损害责任制度"。后来，在《最高人民法院关于审理生态环境损害赔偿案件的若干规定（试行）》中专门对生态环境损害及救济问题做了司法解释。

将修复生态环境作为侵权责任的一种承担方式，其直接渊源来自最高人民法院的司法解释。在《最高人民法院关于审理环境民事公益诉讼案件适用法律若干问题的解释》中，第 20 条第 1 款规定："原告请求恢复原状的，人民法院可以依法判决被告将生态环境修复到损害发生之前的状态和功能"；第 2 款则明确使用了"修复生态环境"这一表述。《最高人民法院关于审理环境侵权责任纠纷案件适用法律若干问题的解释》第 14 条规定："被侵权人请求恢复原状的，人民法院可以依法裁判污染者承担环境修复责任。"根据司法解释的性质，最高人民法院的上述规定只是对《民法通则》《侵权责任法》中"恢复原状"的扩充性解释，而非创设新的责任承担方式。

在《民法总则》的起草过程中，有意见认为，"民事责任"一章除继受《民法通则》民事责任中"恢复原状"的规定外，并列增加规定了"修复生态环境"，即"恢复原状、修复生态环境"。于是，2016 年 6 月第十二届全国人大常委会第二十一次会议初次审议后公开征求意见的《民法总则（草案）》第 160 条第 5 项将"修复生态环境"作为民事责任承担方式，与传统的"恢复原状"并列。较之《民法通则》第 134 条、《侵权责任法》第 15 条，"修复生态环境"成了一种新的民事责任承担方式。而 2016 年 10 月第十二届全国人大常委会第二十四次会议再次审议后公开征求意见的《民法总则（草案二次审议稿）》中，删除了"修复生态环境"一项。其中，影响较大的意见认为："恢复原状广义上包含修复生态环境，修复生态环境往往表现为相对人与国家的一种关系，不宜作为平等民事主体间的责任方式。对修复生态环境是一种目标还是行为，需要修复到什么程度，理解存在分歧；实践中还要考虑到有的生态环境可能是无法修复的，有的生态环境是需要时间来自行恢复的。修复生态环境对于民事主体而言责任是不确定的，在实际操作层面可以考虑以高额的惩罚性赔偿来代替作为修复生态环境的责任。修复生态环境作为责任承担方式不具有普遍适用性，建议删除。"① 最终，第十二届全国人民代表大会第五次会议上通过的《民法总则》没有将"修复生态环境"纳入民事责任的承担方式之中。在《民法典》编纂过程中，《民法总则》的规定沿用到了《民法典》"总则编"，即第179条没有规定"修复生态环境责任"。由此，《民法典》第1234条的生态环境修复责任属于《民法典》"总则编"第179条"恢复原状"的一种具体形式。

有的学者认为"修复生态环境"与"恢复原状"分别是公法关系和私法关系，"修复生态环境"是对国家承担的责任，应由环境法规定，民法无从应对。有的学者则认为，在我国环境民事责任与侵权法统一化的背景下，应对"恢复原状"进行必要的调适，确立"环境修复责任"的独立性。②

较之其他侵权问题，环境侵权问题更为复杂，民法和环境法应当对生态环境本身的损害以及由此导致的受害人个体的损害做出协同应对。至于具体的规制模式则取决于本国的国情、立法思想以及规制习惯。近年来，我国环境保护政策在力度上和广度上的根本性提升，对《民法典》回应环境问题提出了政治性要求，也为《民法典》回应环境问题提供了所需要的坚实且全面的政策支持。由此，《民法典》在"侵权责任编"中规定生态环境损害及其救济方式是不可回避的立法反应。

在《民法典》编纂过程中，从2017年10月《侵权责任编草案

---

① 参见扈纪华编《民法总则起草历程》，法律出版社2017年版，第118页。

② 参见胡卫《环境污染侵权与恢复原状的调适》，《法学论坛》2015年第1期。

（民法室室内稿）》第 70 条开始，在《侵权责任编草案（一审稿）》第 1010 条、《侵权责任编草案（二审稿）》第 1010 条、《侵权责任编草案（三审稿）》第 1234 条中，除了一些语言表述的修正之外，都明确规定了侵权人承担"生态环境修复"的方式以及替代修复的费用承担。最终为《民法典》第 1234 条所采纳。

就《民法典》第 1234 条的规范目的而言，生态环境为人类世代所依存，不能毁灭，应当保持完整状态，这就决定了它被侵害后应当尽可能恢复平衡状态。生态环境的系统不具有交换价值，不能通过货币进行衡量。该系统被破坏后当然需要恢复原来的完整状态，但这种恢复在于恢复其稳定运行的状态，而不是恢复原有的价值。生态环境只有在无法修复的极端情况下，才可以责令侵权人予以赔偿。因此，该条规定了生态环境修复及其替代的责任承担方式，其规范目的在于当造成生态环境损害时，赋予国家规定的机关和法律规定的组织以请求权，使其可以向侵权人请求生态环境修复或相关费用，以此实现对生态环境的保护。①

较之《侵权责任法》，将生态环境损害及其修复责任直接在《民法典》中规定，这与环境损害事件凸显的社会现实有关，"环境污染严重、生态系统退化的严峻形势"已成为社会共识并见诸党和国家的各种正式文件中。十四大报告仅以一句话简要地提出"加强环境保护"。十五大报告在"可持续发展战略"中提出了环境保护问题。十六大报告将生态环境改善当作小康社会的奋斗目标之一。十七大报告

---

① 在《民法典》基本原则中，第 9 条规定了"民事主体从事民事活动，应当有利于节约资源、保护生态环境"。根据学者的观点，第 9 条是民法社会化的新表现和新动向，具有在民法中确立绿色发展、生态安全价值理念，协调发展与环保、交易安全与生态安全等功能（参见吕忠梅课题组《"绿色原则"在民法典中的贯彻论纲》，《中国法学》2018 年第 1 期）。也有学者指出该原则在保护生态环境的结合适用、补充适用等方面并无用武之地（参见贺剑《绿色原则与法经济学》，《中国法学》2019 年第 2 期）。仅就《民法典》第 1234 条而言，其与《民法典》第 9 条的关系可以确定为：对基本原则中"保护生态环境"的具体化。

对环境问题的重视不仅体现在"科学发展观"这种指导思想中，而且还提出了建设生态文明目标。十八大报告则首次以专门章节提出"大力推进生态文明建设"，将其确立为基本国策。十九大报告在此基础上同样以专门章节中提出"加快生态文明体制改革"，并要"建设美丽中国"，生态文明建设被提高到"中华民族永续发展的千年大计"的地位。从主导中国社会发展方向的历次中国共产党全国代表大会的报告中，可以清晰了解到决策者对环境问题逐渐重视，从局部保护不断上升到建设"千年大计"的层面。在具体层面，中办与国办联合印发的《生态环境损害赔偿制度改革方案（二）》第 2 项就明确体现了生态环境的修复原则。该项要求"体现环境资源生态功能价值，促使赔偿义务人对受损的生态环境进行修复"。"生态环境损害无法修复的，实施货币赔偿。"这可以总结为"修复优先"。决策者对环境问题逐渐重视以及明确的要求，促使《民法典》第 1234 条对此问题做出直接的回应。

二　"违反国家规定"要件

《民法典》第 1234 条对造成生态环境损害产生修复或其他责任规定了一个前提，即"违反国家规定"，其反义解释为，如果不违反国家规定，那么就不产生相关责任。

就侵权法而言，只要有损害的存在，对其救济就不会因政策问题而削减。因此，以各项环境类标准为代表的国家强制性规定，在环境侵权案件裁判时可以作为证据，提供一定的科学依据用于证明行为对生态环境产生消极性影响，但不能作为判断是否存在侵权责任构成要件的准则。因此，《民法典》第 1229 条并未要求"违反国家规定"的前提。

从整个《民法典》来看，"国家规定"一词并不多见。在"供用电、水、气、热力合同"中对供电人、用电人的权利义务有"按照国家规定"的要求。此处的"国家规定"包含了供电标准、收费标准等方面的规定，其范围可以扩及法律法规、政策等领域。而在"相邻关系"中也有"不动产权利人不得违反国家规定弃置固体废物，排放大气污染物、水污染物、噪声、光、电磁波辐射等有害物质"的要求。此处的"国家规定"多指污染物的排放标准。从整个法律体系来看，《刑法》中的"国家规定"较为多见，对此其在第96条中专门对"违反国家规定"做了界定："本法所称违反国家规定，是指违反全国人民代表大会及其常务委员会制定的法律和决定，国务院制定的行政法规、规定的行政措施、发布的决定和命令。"刑法中的界定是为了明确并限制"国家规定"的范围，其功能在于避免因范围过大而导致罪责追究宽泛。就《民法典》第1234条而言，并无惩戒性过泛的忧虑。相反，该条的责任基于损害赔偿原理，要对全部损害进行恢复性救济。那么，只要生态环境损害存在，就应当进行修复。由此，该条对"国家规定"的解释需尽可能宽泛，尽量将发生生态环境损害的情况都解释为"违反国家规定"。另外，这种解释并不违反法律体系一致性原则，因为《刑法》中对"国家规定"仅限于"本法所称"，而并不一定扩及其他法律。

三　生态环境损害的判断

（一）关于民法中引入生态环境损害的争议与《民法典》的选择

学界通说认为，侵权救济应当限定于民事主体权益的损害，生态利益无法归类到个人权利范畴，因此无法在传统民法体系中加以妥当保护，而是通过公法加以保护。① 但众多学者认为民法应反映环境恶化的社会特点，对环境问题的冲击予以回应。② 由此，理论上就产生了不同的路径观点。

第一种观点认为生态环境损害与传统损害存在重叠，可以通过民法方式对生态环境损害进行间接调整。③ 第二种观点是通过扩展民法损害的范围，将生态环境损害纳入民法损害的范畴。④ 第三种观点是借鉴欧洲议会和欧盟理事会联合发布的《关于预防和补救环境损害的环境责任指令》（第 6 条第 2 款 c 项、第 3 款和第 8 条）和《欧洲示范民法典草案》（第 6 - 2：209 条），通过将政府或有关主管机关因生态损害而负担的不利益拟制视为侵权责任法中的损害。⑤ 第四种观点是生态环境损害及救济原本不应当由侵权责任编调整，而应设置引致条款，在《民法典》之外专门设立生态环境损害救济制度。⑥

《民法典》第 1234 条规定了生态环境损害，正式将这类损害规定

---

① 参见王利明《侵权责任法研究》（下卷），中国人民大学出版社 2016 年版，第 437 - 443 页；李昊《对民法典侵权责任编的审视与建言》，《法治研究》2018 年第 5 期；张新宝《侵权责任编起草的主要问题探讨》，《中国法律评论》2019 年第 1 期；尹志强《侵权法的地位及与民法典各编关系的协调》，《华东政法大学学报》2019 年第 2 期。

② 参见马俊驹、舒广《环境问题对民法的冲击与 21 世纪民法的回应》，载《中国民法百年回顾与前瞻学术研讨会文集》，法律出版社 2003 年版，第 232 - 251 页；王利明《民法典的时代特征和编纂步骤》，《清华法学》2014 年第 6 期；张新宝、庄超《扩张与强化：环境侵权责任的综合适用》，《中国社会科学》2014 年第 3 期；吕忠梅《环境法新视野》，中国政法大学出版社 2000 年版，第 1 页以下；曹明德、徐以祥《中国民法法典化与生态保护》，《现代法学》2003 年第 4 期。

③ 参见李承亮《侵权责任法视野中的生态损害》，《现代法学》2010 年第 1 期；张新宝、庄超《扩张与强化：环境侵权责任的综合适用》，《中国社会科学》2014 年第 3 期。

④ 参见石佳友《治理体系的完善与民法典的时代精神》，《法学研究》2016 年第 1 期。

⑤ 参见李昊《对民法典侵权责任编的审视与建言》，《法治研究》2018 年第 5 期。即使是《欧洲示范民法典草案》采纳的观点，也认为纯粹的环境损害就其性质而言不是纯粹公法问题，也并非纯粹私法问题。生态环境损害是一种对不特定公众的损害，而非对单个人造成的损害。参见欧洲民法典研究组编著《欧洲私法的原则、定义与示范规则：欧洲示范民法典草案》（第六卷），王文胜等译，法律出版社 2014 年版，第 411 - 418 页。

⑥ 参见张新宝《侵权责任编起草的主要问题探讨》，《中国法律评论》2019 年第 1 期；孙佑海、王倩《民法典侵权责任编的绿色规制限度研究——"公私划分"视野下对生态环境损害责任纳入民法典的异见》，《甘肃政法学院学报》2019 年第 5 期。

于《民法典》之中，因此并未采纳第四种观点。但是，从《民法典》编纂过程来看，2018 年 12 月 23 日全国人大宪法与法律委员会的修改说明中，明确要区分"民事主体人身、财产损害"与"生态环境本身的损害"这两类损害。① 由此，认为生态环境损害与传统损害重叠或者将生态环境损害纳入民法损害的观点也不符合该条的解释。可行的解释是该条规定生态环境损害及其救济，是为了类推适用民法损害及其救济的规则，毕竟在损害的认定、恢复原状的方式等方面在理论和实践中都运用了民法损害救济理论。环境侵权的救济机制虽然在环境法与民法上都有规定，但环境法是以民事侵权救济机制为基础所做的逻辑延伸，其遵循的前提依然是保护合法权益不受损害，在针对权益侵害这一事实的处理模式上，环境法与民法是一致的。正因为如此，现行的《环境保护法》第 64 条才可能将环境侵权责任直接指向《侵权责任法》。

侵权损害体系针对侵权损害，提供对侵权事件的处理方案。以侵权损害体系为基础，形成了侵权法的损害救济制度。侵权损害体系是以损害概念、基本原则、救济方式为要素所形成的环环相扣的体系。损害概念以"差额说"为基础，即以损害事件为基准对受害人利益状况进行比较而得出的差额。尽管后来的学说与实践对该说的接受有或多或少的不同，但其核心内容即不利益的差额对比并未改变。② 与"差额说"密切关联的，是对损害的救济确立了完全赔偿原则，即有

---

① 参见 2018 年 12 月 23 日《全国人民代表大会宪法和法律委员会关于〈民法典侵权责任编（草案）修改情况的汇报〉》。

② "差额说"是蒙森（Christian Matthias Theodor Mommsen）从宏观角度观察损害的，其缺陷在于忽略了受害人具体权益的变化。而传统自然损害则是从微观角度观察，关注了事实上所遭受的破坏。德国现行损害赔偿法在吸取蒙森理论的同时，也借用了传统概念观察损害（参见李承亮《损害赔偿与民事责任》，载《法学研究》2009 年第 3 期）。除了德国法之外，日本民法、我国台湾地区"民法"也采纳了"差额说"。不仅如此，该理论还影响了《欧洲侵权法原则》："损害意味着两种事态的对比，即假设的状态和造成损害的行为发生后的现实状态。"（参见欧洲侵权法小组主编《欧洲侵权法原则——文本与评注》，于敏、谢鸿飞译，法律出版社 2009 年版，第 57 页。）就我国法而言，"差额说"也为通说采纳。

多大损害，就承担多少赔偿，不能多赔，也不能少赔。对于该原则，理论界不乏批评，但质疑并不妨碍以此为基础，为损害赔偿的思考提供统一的起点。在比较法上，完全赔偿原则几乎成为大陆法系侵权损害论都奉行的原则。① 我国学者也主张要贯彻该原则，即通过完全赔偿，使受害人恢复到没有遭受侵害的状态。② 基于完全赔偿原则，侵权损害体系的功能定位于为受害人所受损害提供救济。通说认为侵权损害论主要是救济受害人，因此补偿所受损害是主要功能，而惩罚、预防等功能都是次要的。③ "差额说"与完全赔偿原则决定了只有实际损害才属于损害的范畴，即"损害应当是一个已经完成的状态"。④ 只有实际损害才能确定差额，并贯彻完全赔偿原则。尽管根据参与立法人员的解释，《侵权责任法》试图将实际损害与不法加害危险统摄起来，⑤ 但学者们普遍认为此解释不妥，因为损害的系统化标准，在德国等比较侵权法上，都是"差额说"或其修正理论下的认识。"大损害说"不符合通行理论，会造成中国民法理论紊乱，致使法律体系不和谐，所以不能将损害无限制地扩张，应采狭义损害概念。⑥ 在救

---

① 参见叶金强《论侵权损害赔偿范围的确定》，《中外法学》2012 年第 1 期；曾世雄《损害赔偿法原理》，中国政法大学出版社 2001 年版，第 14 - 17 页。大陆法系民法中多有对完全赔偿原则的明文规定，如《德国民法典》第 249 条第 1 款规定："负有损害赔偿义务者，应回复损害赔偿事由没有发生时原应存在之状态。"《葡萄牙民法典》第 562 条规定："对一项损害有义务弥补之人，应恢复假使未发生引致弥补之事件即应有之状况。"我国台湾地区"民法"第 213 条第 1 款规定："负损害赔偿责任者，除法律另有规定或契约另有订定外，应回复他方损害发生前之原状。"

② 参见王利明《我国侵权责任法的体系构建——以救济法为中心的思考》，《中国法学》2008 年第 4 期；程啸《论未来我国民法典中损害赔偿法的体系建构与完善》，《法律科学》2015 年第 5 期。

③ 参见尹志强《侵权行为法的社会功能》，《政法论坛》2007 年第 5 期；王利明《我国侵权责任法的体系构建——以救济法为中心的思考》，《中国法学》2008 年第 4 期；张新宝《侵权责任法立法：功能定位、利益平衡与制度构建》，《中国人民大学学报》2009 年第 3 期。

④ 参见朱岩《侵权责任法通论》，法律出版社 2011 年版，第 123 页。

⑤ 参见全国人大常委会法制工作委员会民法室编著《〈中华人民共和国侵权责任法〉条文说明、立法理由及相关规定》，北京大学出版社 2010 年版，第 22 - 23 页。

⑥ 参见崔建远《论归责原则与侵权责任方式的关系》，《中国法学》2010 年第 2 期；王利明《论产品责任中的损害概念》，《法学》2011 年第 2 期。

济方式上，对"差额"的损害救济存在金钱赔偿与恢复原状两种方式。至于它们适用的顺位，观点不一。就我国法而言，由于恢复原状被狭义化，仅意指"当所有权人的财产被非法侵害而损坏时，能够修理的，所有权人有权要求加害人通过修理，恢复财产原有的状态"。[①] 因此，它的适用有很大的局限性。而金钱赔偿的范围不仅能涵盖德国法的价值赔偿，而且还将支付恢复原状费用作为赔偿纳入其中。于是，金钱赔偿弥补受害人的"差额"损失被通说视为最主要的侵权责任方式。[②]《民法典》"总则编"第 179 条继续沿用上述做法。由此，在我国的侵权损害体系中，针对"差额说"的损害，金钱赔偿对其进行弥补仍然是优先之选。

　　由于侵权损害体系是一种成熟的体系，因此在过去 30 年应对环境问题时，它一直扮演着主导性角色。这不仅表现为学者论述相关问题的通常路径，更明显地体现在立法与司法实践中：从 1986 年《民法通则》第 124 条到 2010 年《侵权责任法》第 8 章，对环境污染责任的专门规定是各级法院处理环境损害案件最基本、最主要的规范。由此，在环境立法中，对损害后果的规定多援引民法规范。以最典型的《环境保护法》为例，1989 年《环境保护法》第 41 条规定将造成环境污染危害的赔偿责任和赔偿金额的纠纷作为民事诉讼解决。2015年修订的《环境保护法》第 64 条则更为明确地引致到《侵权责任法》中："因污染环境和破坏生态造成损害的，应当依照《中华人民共和国侵权责任法》的有关规定承担侵权责任。"此外，历年修改的《大气污染防治法》《水污染防治法》《海洋环境保护法》等都不同程度地将环境损害案件中所产生的赔偿责任和赔偿金额的纠纷作为民事纠纷解决。

---

① 参见王利明《民法总则研究》，中国人民大学出版社 2012 年版，第 508 页。

② 参见程啸、王丹《损害赔偿的方法》，《法学研究》2013 年第 3 期。

（二）判断生态环境损害的现实困难

然而，不可否认的是，以侵权损害体系来对生态环境损害本身进行判断，面临难以认定的障碍。较之普通民事侵权案件，在环境侵权个案中认定生态环境损害相对困难。有的是因生态系统具有循环性或流动性，污染物在一定环境介质中会迁移、转化或自我净化，从单一环境介质很难判断是否存在需要修复的损害。比如在著名的"泰州环保联合会与六家公司环境污染责任纠纷案"中，"环境污染危害结果是否存在"一直是当事人双方争议的焦点。排污企业抗辩主张，企业排放的废酸经过长江的自净，如泰运河、古马干河的水质已经与污染前没有差别。既然水质已恢复如初，并没有产生自然环境的损害后果，因此无须再通过人工干预措施进行修复。[①] 有的是由于生态环境损害是一种风险判断，属于"面向未知"的选择，认定标准和技术方法在一定意义上具有决定性，由此会产生认定标准和认定技术方法的不同而导致对损失大小的不同认知。比如当事人对于污染面积的范围持不同认定标准和方法，必然会产生对海洋环境容量损失和生态服务功能损害的认知争议。[②] 另外，科学认知的局限或者技术标准的欠缺还可能带来有的情况是否属于生态环境损害的疑问。比如在"陈江鹏与陕西中能煤田有限公司财产损害赔偿纠纷案"中，法院认为每个具体的生态系统对地下水水位的要求不同，目前业内对地下水水位下降

[①] 参见最高人民法院（2015）民申字第 1366 号民事裁定书、江苏省高级人民法院（2014）苏环公民终字第 00001 号民事判决书。类似的案件比如"昆明市环保局诉昆明三农农牧有限公司等水污染责任纠纷案"，被告认为通过公司的一系列污染治理措施的实施和落实，大龙潭水的水质已实现根本性好转，因此认为法院判决要求向"昆明市环境公益诉讼救济专项资金"支付高额的修复费用没有相应的事实根据和可行性方案支撑。参见云南省高级人民法院（2011）云高民一终字第 41 号民事判决书、昆明市中级人民法院（2010）昆环保民初字第 1 号民事判决书。

[②] 参见"利海有限公司与威海市海洋渔业局船舶油污污染损害赔偿纠纷上诉案"，山东省高级人民法院（2014）鲁民四终字第 193 号民事判决书、青岛海事法院（2012）青海法海事初字第 169 号民事判决书。

到什么情况构成生态破坏并无统一标准，该案中未提供证据证明涉案地下水水位下降已经达到了当地生态破坏的程度。① 总之，对于实务操作而言，比通常的侵权损害后果判断更为困难。②

在实践中，对于生态环境损害的判断往往也会出现偏差，比如2016年山东省德州市中级人民法院审理的"中华环保联合会诉德州晶华集团振华有限公司大气环境污染责任纠纷公益诉讼案"。该案被媒体称为"大气污染公益诉讼第一案"。③ 法院判定振华公司所致损害包括两项。一项是"生态损害"。判定振华公司赔偿超标排放污染物所致损失2198.36万元，支付至德州市专项基金账户，用于德州市大气环境质量修复。另一项是"社会公共的精神性环境权益损害"。法院认为振华公司排污行为侵害了社会公共的精神性环境权益，应在省级以上媒体向社会公开赔礼道歉。④ 该案的主要争议在于"生态损

① 参见最高人民法院（2016）最高法民申201号民事裁定书、陕西省高级人民法院（2015）陕民一终字第00039号民事判决书、榆林市中级人民法院（2013）榆中民二初字第00002号民事判决书。

② 实务部门专家曾总结出生态环境损害判断的困难。一是突发环境损害调查难。突发环境事件发生时，由于污染事件的突发性，环境损害评估人员往往难以在第一时间赶赴事发地介入调查，也无法立即制定有针对性的环境监测方案，这会在很大程度上影响环境损害鉴定评估第一手现场监测数据的科学性和合法性。不少突发环境污染事件发生地位置偏僻，交通不便，环保技术力量弱，缺乏环境污染的损害评估能力，往往需要省级环保机构的技术支持，而后者通常不能保证第一时间赶赴污染现场，制定有针对性的环境监测方案，并开展实地监测。二是累积性环境损害调查难。如长期生产的化工厂、农药厂、炼化厂、冶金厂、制药厂等场地的环境污染损害评估具有很大的技术难度。累积性环境损害调查由于涉及的污染物经过了长时间的累积沉淀，在土壤、地下水和岩石缝隙迁移扩散的同时发生吸附作用、氧化还原作用、细菌微生物分解作用，成分会发生一定变化，给污染物的分析溯源和污染范围确定带来困难。参见王兴利等《环境损害鉴定评估领域难点探讨》，《中国环境管理》2019年第2期。

③ 参见邢婷《"有牙齿"的环保法迎来首例大气污染公益诉讼》，《中国青年报》2015年3月27日第6版；邢婷《全国首例大气污染公益诉讼一审宣判》，《中国青年报》2016年7月21日第6版。需指出的是，在既有的案例中，有体现环境公益损害的情况，但有的以调解形式结案，有的以共同诉讼的形式体现，并未以公益诉讼的形式主张公益损害。比如湖南省长沙市中级人民法院（2014）长中民未终字第02240号民事判决书、广西壮族自治区柳州市中级人民法院（2003）柳市民终（一）字第864号民事判决书、山西省高级人民法院（2000）晋法民初字第6号民事判决书。

④ 参见山东省德州市中级人民法院（2015）德中环公民初字第1号民事判决书。

害"，即振华公司排污行为是否造成生态环境损害。对此，法院采纳了环境规划院的鉴定意见。该意见指出，在鉴定期间，被告超标排放二氧化硫 255 吨、氮氧化物 589 吨、烟粉尘 19 吨。利用虚拟治理成本法计算得到的环境损害可以作为生态环境损害赔偿的依据，振华公司所在区域为二类空气功能区，该区生态损害数额为虚拟治理成本的 3～5 倍，最终按 4 倍计算生态损害数额，即 2198.36 万元。

虽然主审法院确认了振华公司排放废气导致的生态环境损害，但该损害的具体所指却并不明确。尽管庭审中有专家意见指出"大气环境的生态服务价值功能受到损害，影响大气环境的清洁程度和生态服务价值功能"，但是法院最终判定被告的赔偿款"用于德州市大气环境质量修复"。也就是说，法院所认定的生态环境损害仅是"德州市大气环境质量"的降低。这种认定存在两方面明显的纰漏：一方面，将生态环境损害等同于大气环境质量的降低，忽视了大气循环导致的生态环境损害的整体性；另一方面，将生态环境损害仅限于德州市。尽管这种局限存在司法地域管辖的问题，但更反映了法院对大气极强流动特质导致的生态环境损害跨区域性的忽视。综观该案判决，法院对生态环境损害的认识仅有其"名"，未得其"实"，以致在确认损害时含糊其词，在确定救济对象上出现了局限和偏差。

在该案中，对损害的认定仅注意到了排放废气的数量以及对大气环境质量产生的降低后果，却没有对排放废气所致生态环境损害的整体性予以足够的重视，以致在救济时仅针对"大气环境质量修复"。这是将污染行为导致的空气质量下降这一直接后果与生态破坏这一间接后果相混同了。实际上，振华公司排放废气的行为后果具有双重性：一方面，大量污染废气排放到大气中，直接的后果是导致空气质量的下降；另一方面，持续的排放造成废气的累积，必然会超出环境的承载能力。当浓度高达一定程度，加之物理、化学的作用，会促发酸雨，使得包括河流、土壤等要素在内的生态环境整体遭受破坏。正如该案庭审中专家意见所指出的，二氧化硫、氮氧化物以及烟粉尘是酸雨的前导物，超标排放肯定会对生态环境造成损害，使大气环境的生态服务价值功能受到损害，影响大气环境的清洁程度和生态服务价值功能。由此可以看出，被污染的空气因其自身的流动性，经过一段时间的自净，其质量与污染前的情况可能没有差别。但是，按照大气环境质量标准所进行的常规检测，无法观察出包括生物、植物以及水、土壤等要素在内的生态环境整体状况的恶化。因此，对生态环境损害的考察不能仅靠空气质量标准，还应当高度重视大气的循环性等特征，综合考察排放废气所致生态环境的整体性损害。

另外，该案主审法院对损害的认定仅限于德州地区，而忽视了大气污染情况下对生态环境破坏的跨区域性。正因为如此，有意见指出该案的判决欠缺对污染物扩散到德州以外地区的损害后果的考虑。①实际上，在流动型环境要素的污染案件中，污染物都会迁移、转化，从而导致污染后果不再局限于排污行为的发生地。比如在著名的泰州环保联合会与六家公司环境污染责任纠纷案中，由于河水的流动，污染源会向下游移动，倾倒点水质好转并不意味着地区水生态环境已修复。不能以部分水域的水质得到恢复为由免除污染者应当承担的环境修复责任。②因此，与传统侵权法中的损害后果不同，大气、水等流动型环境要素的污染都存在扩散性，必然会产生损害后果的跨区域问题。不过，水污染的扩散毕竟受制于河岸、河床等固态边界，仅在污染行为发生地及其下游扩散，对其损害后果区域范围的认定较为明确。相比而言，大气具有更强的流动性，其扩散没有固定的边界。随着大气的流动，会在不确定的区域造成污染的扩散。由此，界定生态

---

① 参见搜狐财经《首例大气污染公益诉讼：德州一企业赔逾 2000 万"净气"》，https://www.sohu.com／a／107020640_114984，最后访问时间：2020 年 8 月 25 日。

② 参见最高人民法院（2015）民申字第 1366 号民事裁定书、江苏省高级人民法院（2014）苏环公民终字第 00001 号民事判决书。

环境损害的范围需要结合大气的流动状况以及物理运动特征等因素综合判断。总之，对大气污染情况下的生态环境损害不能仅局限于污染行为的发生地，应充分考虑损害的跨区域性。

（三）生态环境损害的界定

从司法实践来看，下列情况体现了环境侵权行为可能造成的生态环境损害。

（1）包括水资源、动植物、土壤等因素在内的河流区域生态环境。工厂向河流排污或向水体非法处置废液，对河流的水质、动植物、河床、河岸土壤以及河流下游的生态环境造成严重破坏，危害居民用水资源。[①] 危险品泄漏或非法处置固体废物导致周边土地、河流等受到污染。[②]

（2）包括水资源、地质资源、林地植被资源等因素在内的山林陆地区域生态环境。采矿造成原有植被和地表土壤的毁坏，水资源也被破坏。[③] 建设工程未经批准占用林地、改变林地用途，对生态环境造成损害。[④]

（3）包括海域地质形态、渔业资源、海水资源等因素在内的海洋生态环境。海上工程、油污导致海域污染，天然渔业资源遭到损失，

[①] 比如最高人民法院（2015）民申字第 1366 号民事裁定书、江苏省高级人民法院（2014）苏环公民终字第 00001 号民事判决书、云南省高级人民法院（2011）云高民一终字第 41 号民事判决书、内蒙古高级人民法院（2005）内民二终字第 54 号民事判决书、福建省高级人民法院（2005）闽民终字第 349 号民事判决书等。

[②] 比如安徽省滁州市中级人民法院（2015）滁民一终字第 01047 号民事判决书、陕西省咸阳市中级人民法院（2013）咸中民终字第 01394 号民事判决书、江苏省常州市中级人民法院（2014）常环公民初字第 2 号民事判决书、广东省佛山市中级人民法院（2010）佛中法民一终字第 587 号民事判决书等。

[③] 比如福建省高级人民法院（2015）闽民终字第 2060 号民事判决书、贵州省高级人民法院（2004）黔高民一终字第 30 号民事判决书、重庆市第二中级人民法院（2009）渝二中法民终字第 3 号民事判决书等。

[④] 比如江苏省无锡市滨湖区人民法院（2012）锡滨环民初字第 0002 号民事判决书。

环境容量价值和生态服务功能等海洋生态环境受到损害。[1] 采砂行为破坏滩涂原有的海底地形、地貌，使滩涂失去原有的阻挡波浪直接冲击海岸的天然屏障作用，造成海岸被海浪大量侵蚀。[2]

（4）严重的大气污染。排放粉尘、废气等污染物，造成大范围的生态环境损害。[3]

（5）城市生态环境破坏。排放粉尘、废水等，造成城市地区的生态环境损害。[4]

（6）生物多样性丧失。环境污染或生态破坏造成的物种灭绝、种群退化等，造成生态系统的支撑能力降低，威胁人类的生存和发展。[5]

实际上，生态环境损害不仅仅是一个自然科学方面的概念，而且往往还受一国的法律政策尤其是环境类法律政策的影响，哪些对生态环境的不利影响构成法律中的"生态环境损害"？其实质在于如何确定生态环境损害的救济范围，这样才能协调生态环境保护和社会经济发展之间的关系。在法律层面，目前还没有关于"生态环境损害"的明确界定，《民法典》也仅使用了"生态环境损害"概

---

[1]　比如山东省高级人民法院（2014）鲁民四终字第 193 号民事判决书、天津市高级人民法院（2007）津高民四终字第 124 号民事判决书等。

[2]　比如山东省高级人民法院（1996）鲁经终字第 196 号民事判决书。

[3]　比如湖南省长沙市中级人民法院（2014）长中民未终字第 02240 号民事判决书、广西柳州市中级人民法院（2003）柳市民终（一）字第 864 号民事判决书、山东省德州市中级人民法院（2015）德中环民初字第 1 号民事判决书等。

[4]　比如山西省高级人民法院（2000）晋法民初字第 6 号民事判决书、湖南省常德市中级人民法院（2013）常民一终字 59 号民事判决书等。

[5]　参见最高人民法院（2016）最高法民再 45～50 号民事判决书。此前，以"生物多样性丧失"为由的环境侵权诉讼往往不被受理。比如 2015 年 8 月，中国生物多样性保护与绿色发展基金会以 8 家企业违法排污造成腾格里沙漠污染为由，要求企业恢复生态环境、消除危险等。然而，法院以该会从事的"生物多样性保护"与"环境保护"无关为由，认定其不符合《环境保护法》第 58 条规定的关于"专门从事环境保护公益活动"的原告资格要求，而未受理（参见金煜《腾格里沙漠污染公益诉讼未被受理因不符原告资格》，《新京报》2015 年 8 月 22 日）。

念，而未做出说明。①《环境保护法》第 64 条仅笼统规定了损害，并将其转介到《侵权责任法》。在环境保护各单行法中，有的与《环境保护法》一样仅做笼统规定，如《大气污染防治法》第 125 条。有的对环境要素污染做了界定，从而间接涉及相关损害，如《水污染防治法》第 102 条第 1 项明确了水污染"是指水体因某种物质的介入，而导致其化学、物理、生物或者放射性等方面特性的改变，从而影响水的有效利用，危害人体健康或者破坏生态环境，造成水质恶化的现象"。② 有的则对某种环境污染损害做了界定，如《海洋环境保护法》第 94 条第 1 项规定：海洋环境污染损害"是指直接或者间接地把物质或者能量引入海洋环境，产生损害海洋生物资源、危害人体健康、妨害渔业和海上其他合法活动、损害海水使用素质和减损环境质量等有害影响"。从这些法律中可以看出，环境侵害行为所造成的损害，包括对个人的人身与财产的损害以及对环境介质、生态系统的损害。而对环境介质、生态系统的损害，又包括环境污染损害和生态系统破坏两类不同情形。其中，环境污染行为可能造成生态系统破坏的后果，但并非所有的生态系统破坏都由环境污染行为造成。

《侵权责任法》仅规定了环境污染侵权责任，未涉及生态破坏侵权责任，2014 年修订的《环境保护法》增加了生态破坏及保护的内容。为配合新修订的《环境保护法》的实施，环保部在修订有关配套

---

① 关于概念用词，有的学者指出，较之"生态环境损害"一词，"生态损害"或"环境损害"作为表达生态或环境本身损害含义的法律术语更为科学。参见竺效《生态损害综合预防和救济法律机制研究》，法律出版社 2016 年版，第 60 页。但在官方文件的概念表述中多用"生态环境损害"，《民法典》也采纳此种表述。

② 有些地方性法规的界定也与此类似，比如《湖北省土壤污染防治条例》第 2 条第 2 款规定土壤污染"是指因某种物质进入土壤，导致土壤化学、物理、生物等方面特性的改变，影响土壤有效利用，危害人体健康或者破坏生态环境，造成土壤环境质量恶化的现象"。

规则时将原有的"环境污染损害"①修改为"环境损害",并专门对"生态环境损害"进行了界定。于是,原环保部《环境损害鉴定评估推荐方法》(第Ⅱ版)第4.1条将"环境损害"界定为"因污染环境或破坏生态行为导致人体健康、财产价值或生态环境及其生态系统服务的可观察的或可测量的不利改变",并在第4.5条专门规定了"生态环境损害",即"指由于污染环境或破坏生态行为直接或间接地导致生态环境的物理、化学或生物特性的可观察的或可测量的不利改变,以及提供生态系统服务能力的破坏或损伤"。从这些规定可以看出,"生态环境损害"专指属于生态环境本身的损害,是与人身损害、财产损害并列的不同概念,在规范的概念体系上应属"环境损害"的下位概念。这也是目前可以见到的规范性文件中关于"环境损害""生态环境损害"最为明确的界定。② 根据《环境损害鉴定评估推荐方法》(第Ⅱ版)的界定,对生态环境损害的认识包括两个方面:一是损害表现为生态环境的物理、化学、生物特性的不利改变以及提供生态系统服务能力的破坏或损伤;③ 二是损害应可评估。

这个界定采用了最为广泛意义的概念。该定义也为中共中央办公厅与国务院办公厅联合印发的《生态环境损害赔偿制度改革试点方

---

① 原环保部《环境污染损害数额计算推荐方法》(第Ⅰ版)第2.1条界定了"环境污染损害","指环境污染事故和事件造成的各类损害,包括环境污染行为直接造成的区域生态环境功能和自然资源破坏、人身伤亡和财产损毁及其减少的实际价值,也包括为防止污染扩大、污染修复和/或恢复受损生态环境而采取的必要的、合理的措施而发生的费用,在正常情况下可以获得利益的丧失,污染环境部分或完全恢复前生态环境服务功能的期间损害"。这是由于1989年《环境保护法》、2010年《侵权责任法》相关条文的表述上仅限于"污染环境"行为,并未将生态破坏行为纳入,因此出台于2011年的第Ⅰ版方法仅定义了"环境污染损害"。2014年《环境保护法》修订后,环保部根据新修订的规定重新界定了"环境损害"和"生态环境损害"。

② 《最高人民法院关于审理环境民事公益诉讼案件适用法律若干问题的解释》《关于审理环境侵权责任纠纷案件适用法律若干问题的解释》均未对"环境损害""生态环境损害"进行界定。

③ 生态系统服务功能是指人类从生态系统中获得的效益,包括供给功能、调节功能、文化功能以及支持功能等。参见蔡运龙《自然资源学原理》,科学出版社2007年版,第126页。对生态系统服务功能的损害及其救济参见《民法典》第1235条。

案》和后来的《生态环境损害赔偿制度改革方案》所沿用。[①] 与之相比，2004 年欧洲议会和欧盟理事会联合发布的《关于预防和补救环境损害的环境责任指令》则较为狭窄、明确。该指令第 2 条第 1 项明确规定的适用范围是"物种和自然栖息地"、"水资源"和"土壤"，排除了空气、气候等环境要素的适用，这是因为这类环境要素缺少可界分性，无法将具体的污染份额归属到特定污染者，因此无法通过责任法律制度进行规制。[②]

就上述的第一方面而言，其是对损害"质"的判断，以将生态环境损害区别于其他损害。

从生态学来看，环境与生物彼此不可分割地相互联系、相互作用：生物依赖于环境，它们必须与环境连续地交换物质和能量；生物又影响环境，改变了环境的外在条件。于是，生物与环境形成了统一的动态平衡整体，这就是生态系统。[③] 生态学的认知被哲学理论所采纳，形成了整体主义环境哲学。在此基础上，法学理论重新审视利益构建的个体化、分割化，对生态系统的整体性有了共识。在设置上，规范保护对象的内容为生态系统的完整性。根据环境科学的通识，生态系统是自然与社会的复合有机整体。[④] 当然，完整性并非指在所有情况下都具有同种要素、同样状况，有的可能具备丰富的环境要素，

[①] 另外，林业、农业、环保、海洋等部门也分别出台了相关环境损害认定的规范，比如海洋部门印发了《海洋生态损害评估技术导则》《海洋生态损害国家损失索赔办法》《海洋生态损害评估技术指南（试行）》《海洋溢油生态损害评估技术导则》等环境损害评估的技术规范，国家林业局也批准了《森林资源资产评估技术规范》等文件，但这些规范基于不同的侧重点，体系无法有效地整合连接。尤其是对于涉及多部门的环境损害评估的大案要案，生态环境损害评估机构引用分散于各部门的环境损害技术规范时，所核算得到的评估结果数值往往相差较大。参见王兴利等《环境损害鉴定评估领域难点探讨》，《中国环境管理》2019 年第 2 期。

[②] 参见马强伟《德国生态环境损害的救济体系以及启示》，《法治研究》2020 年第 2 期。

[③] 参见〔美〕E. P. 奥德姆《生态学基础》，高等教育出版社 2008 年版，第 8 页；孙儒泳等《基础生态学》，高等教育出版社 2002 年版，第 5 页。

[④] 参见《环境科学大辞典》，中国环境科学出版社 2008 年版，第 577 页；王如松、欧阳志云《社会—经济—自然复合生态系统与可持续发展》，《中国科学院院刊》2012 年第 3 期。

有的则可能环境恶劣、人迹罕至，但生态系统都能维持其稳定运行的状态。就生态环境而言，它的组成部分包括环境要素和生物要素。这些要素自身及其组合具备各种生态功能，表现为对污染及破坏的容量、舒适性、优美性等价值。比如森林有防风固沙、保持水土、净化空气、为动植物提供栖息场所等功能；物种多样性有维系共同生存、提供潜在价值等功能。除此之外，生态环境的审美、科研、文化象征、塑造性格等价值也是更为高级的功能。[①] 随着科技和社会的发展，人们对生态功能的认识将不断扩展。生态环境还要达到清洁、健康、美丽。[②]

由此，生态环境损害不是仅限于某一要素的损害，而是肇始于某一环境要素的污染或破坏而随之带来的整体环境的不利改变以及提供生态系统服务能力的破坏或损伤。这与《环境保护法》第 2 条对"环境"的界定相呼应，而与民法上的"物"不相对应。根据《环境保护法》第 2 条的规定，环境是指影响人类生存和发展的各种天然的和经过人工改造的自然因素的总体，包括大气、水、海洋、土地、矿藏、森林、草原、湿地、野生生物、自然遗迹、人文遗迹、自然保护区、风景名胜区、城市和乡村等。从该立法定义可以看出，大气、水、海洋等环境要素都是环境这个"总体"的构成部分，单个要素并非环境本体。只有各个要素协同、协调运行，才是系统的总体。因此，对生态环境的损害不仅限于某个要素的污染或破坏，更在于通过对某个要素的污染或破坏所产生的环境整体性能的严重退化或某种生态服务功能的丧失。

除了不能将生态环境损害局限于具体环境要素的损害，还应当将

---

① 参见〔美〕罗尔斯顿《环境伦理学》，中国社会科学出版社 2000 年版，第 3 - 35 页。2016 年山东省德州市中级人民法院对"中华环保联合会诉德州晶华集团振华有限公司大气环境污染责任纠纷公益诉讼案"的一审判决就确认了"社会公共的精神性环境权益"损害。参见山东省德州市中级人民法院（2015）德中环公民初字第 1 号民事判决书。

② 参见吴卫星《环境权内容之辨析》，《法学评论》2005 年第 2 期。

其与个人的人身、财产损害进行区分。如前所述，在环境侵害事件中，环境侵害行为所造成的损害包括了个人的人身、财产损害以及社会整体的生态环境损害。个人的人身、财产损害是民事主体个人所专享的人身权益和财产权益的损害，对其认定和救济适用普通的民事责任承担方式即可。而生态环境损害则不同，环境污染或生态破坏行为侵害的是群体乃至整个社会所共享的生态环境本身，其利益主体不是某个人。因此，在损害的确定及救济上应当将两者进行区分。在个案裁判中，针对同一污染行为所造成的损害后果，法院注意到了两者的区分。比如在"北京市朝阳区自然之友环境研究所、福建省绿家园环境友好中心诉谢知锦等破坏林地民事公益诉讼案"中，法院认为因原告主张的损害134万元中的损毁林木价值5万元和推迟林木正常成熟的损失价值2万元属于林木所有者的权利，不属于植被生态公共服务功能的损失，故原告无权主张，不予支持；其余植被破坏导致碳释放的生态损失价值、森林植被破坏期生态服务价值、森林恢复期生态服务价值合计127万元属于生态公共服务功能的损失价值，予以支持。[①]再比如在"天津市渔政渔港监督管理处诉英费尼特航运有限公司等船舶碰撞油污染损害赔偿案"中，法院指出河北滦南和天津汉沽、北塘、大沽渔民请求的是由污染造成的海洋捕捞停产损失、网具损失和滩涂贝类养殖损失，而渔业局请求的是渔业资源损失。因此各方当事人索赔的范围和内容界定明确，彼此独立，不存在重复索赔的问题。[②]《最高人民法院关于审理环境侵权责任纠纷案件适用法律若干问题的解释》第18条做了初步区分，即"本解释适用于审理因污染环境、破坏生态造成损害的民事案件，但法律和司法解释对环境民事公益诉讼案件另有规定的除外"。在《最高人民法院关于审理环境民事公益诉讼案件适用法律若干问题的解释》中，第29条也做了进一步区分，

---

① 参见福建省高级人民法院（2015）闽民终字第2060号民事判决书。
② 参见天津海事法院（2003）津海法事初字第184号民事判决书。

即"法律规定的机关和社会组织提起环境民事公益诉讼的,不影响因同一污染环境、破坏生态行为受到人身、财产损害的公民、法人和其他组织依据民事诉讼法第 119 条的规定提起诉讼"。《最高人民法院关于审理生态环境损害赔偿案件的若干规定(试行)》第 2 条也做了更为明确的区分。

就第二方面而言,其是对损害"量"的判断,以确定是否达到破坏生态平衡的程度。

生态系统具有一定的纳污能力和自我修复功能,如果环境污染或生态破坏行为没有超过生态系统的自净能力或没有破坏其自我修复功能,不需要加以人为干预。因此,还需要进行"量"的判断。如果对环境的不利改变微小,或者损害无法以现有的科技认知水平进行评估,则不能认定为损害。在司法实践中,未造成生态环境显著损害的,通常也不会做出修复判决。比如在"中华环保联合会与无锡蠡管委环境侵权案"中,蠡管委未经审批占用 17477 平方米林地未造成原有生态的显著损害。因此,法院仅要求无锡市蠡管委会完成改变用途的申报程序,并未认定其造成损害。①

"量"的判断涉及科学技术问题,一般通过权威机构发布技术指南或者标准的方式确定"基线",然后根据"基线"认定"损害",以便于司法实践对损害的观察与测量。《环境损害鉴定评估推荐方法》(第Ⅱ版)第 4.9 条规定:基线是指污染环境或破坏生态行为未发生时,受影响区域内人体健康、财产和生态环境及其生态系统服务的状态。换言之,"基线"就是生态环境的原来状态。不过,这种原来状态的判断标准和方法与民法中的"物"不同,它不限于依靠外在形态或简单的物理结构进行判断,更在于依靠对生态系统的平衡性或者整体功能进行判断,具体为通过对环境调查、环境监测收集的各种信息

---

① 参见江苏省无锡市滨湖区人民法院(2012)锡滨环民初字第 0002 号民事判决书。

进行科学研究、历史分析后得出的相关数据。① 在确定基线的前提下，根据《环境损害鉴定评估推荐方法》（第Ⅱ版）第6.4条，生态环境损害"量"的认定包括两种情况。

（1）环境介质标准。受环境污染或破坏行为影响的区域内环境介质（地表水、地下水、空气、土壤等）中污染物浓度超过基线水平或国家及地方环境质量标准，且造成的影响在一年内难以恢复。

（2）以区域内动植物变化为代表的生态系统的情况。环境污染或破坏行为发生后，受影响区域的环境状况与基线状态相比，关键物种死亡率、关键物种种群密度或生物量、动植物物种组成、生物多样性、生物体外部畸形（骨骼变形或内部器官和软组织畸形、组织病理学水平的损害）等发生率的差异有统计学意义。②

相对而言，第一种情况较为简单，第二种情况则易被忽视，或者当事人会以符合环境标准作为抗辩理由。实际上，两种情况只要存在其一即可确定损害。在很多案件中，环境介质标准只考虑了单项环境要素，并不是判断生态系统状况的标准。特别是在水污染案件中，水因为自然流动既具有污染物稀释能力又具有污染物迁移能力，在流量大的河流、湖泊或海洋，污染源所在区域的水质能很快达到标准，但污染对河床、底泥以及水生生物造成的损害不会因水的流动而在短时期内消除，并且这种损害还将长期影响一定区域的生物生存，造成关

---

① 《环境损害鉴定评估推荐方法》（第Ⅱ版）第6.1条规定了基线确定方法：a）利用污染环境或破坏生态行为发生前评估区域的历史数据，数据来源包括常规监测、专项调查、统计报表、学术研究等收集的反映人群健康、财产状况和生态环境状况等的历史数据；b）利用未受污染环境或破坏生态行为影响的相似现场数据，即"对照区域"数据，要求"对照区域"与评估区域的人群特征、生态系统功能和服务水平等特征具有可比性；c）利用模型。若上述方法不可行，可考虑构建污染物浓度与人体健康指标、财产损害程度、生物量或生境丰度等损害评价指标之间的剂量—反应关系模型来确定基线。

② 需要注意的是，比所涉物种或栖息地的正常自然波动更小的负面变化、自然原因导致的负面变化或者对场所正常管理所导致的负面变化不能视为有统计学意义。如果对物种或栖息地的损害在短时间内且在不受任何干扰的情况下通过自身的动态变化会恢复至基线条件或高于基线条件的状况，也不能确认存在生态环境损害。

键物种死亡、关键物种减少、生物多样性降低、生物体畸形等生态系统平衡遭到破坏的相关后果高发。比如，海上溢油事故的损害后果不仅包括海洋渔业资源的急性、亚急性中毒，水产品异味变质和因污染不得不停止的海洋捕捞等直接损失，而且包括污染发生后的相当长时间内，海洋生物资源由生存环境被破坏而导致的物种灭失、生物多样性丧失、依存于海洋资源的迁徙性候鸟生境破坏、海陆关系变化等多方面的损失。这不仅会导致污染事件发生时的渔业资源突然下降，而且对以后渔业资源的损害不可逆转，可能会直接影响到若干年后渔业资源量的补充和物种的恢复。正如有法官所指出的：尽管涉案污染海域的水质在四个月后已恢复到事发前的水平，但水质的恢复并不等于渔业资源的恢复。① 在"泰州环保联合会与六家公司环境污染责任纠纷案"中，污染企业以水质已恢复达标为由否认损害的存在。一、二审以及再审判决都指出，虽然河流具有一定的自净能力，但是环境容量是有限的，向水体大量倾倒副产酸，必然对河流的水质、水体动植物、河床、河岸以及河流下游的生态环境造成严重破坏。如不及时修复，污染的累积必然会超出环境承载能力，最终造成不可逆转的环境损害。而且由于河水的流动，污染源必然会向下游移动，倾倒点水质好转并不意味着地区水生态环境已修复。②

需强调的是，环境介质标准以及区域内动植物变化的情况是判断生态环境损害"量"的两个主要考察点，也是可以通过测量和观察进行评估的。但是，这并不等于生态环境损害仅以这两个考察点进行确定，其关键在于依据这两个考察点能否确定生态系统的平衡性或者整体功能受损的状况。尽管在通常情况下可以依据这两个考察点确定生

---

① 参见"天津市渔政渔港监督管理处诉英费尼特航运有限公司等船舶碰撞油污染损害赔偿案"，天津海事法院（2003）津海法事初字第 184 号民事判决书。
② 参见最高人民法院（2015）民申字第 1366 号民事裁定书、江苏省高级人民法院（2014）苏环公民终字第 00001 号民事判决书。

态环境的损害情况，但不排除在特殊情况下不能据此确定。如果出现这种特别情况，则还需根据个案进一步考虑这两个考察点之外的其他因素，比如气候的变化等。

四　修复责任的确定

（一）生态环境修复责任的特殊性

《民法典》第 1234 条的 "生态环境修复" 只能作为《民法典》"总则编" 第 179 条所规定的恢复原状的一种特别形式。有观点指出，与民法中的 "物" 之恢复原状不同，生态环境损害及其修复是要从 "为回复人类生活的目的的恒久对策、从回复包含对家庭影响的被害、从地域的再生等出发来把握"，这显然已经超出了传统民法意义上恢复原状的含义。① 这里强调的是，应注意生态环境与普通物在 "恢复" 上的差别。生态环境损害的修复是专业性的系统工程。既要对单个环境要素的物理、化学、生物特性的不利改变做出应对，更要注重对被破坏的整个生态环境稳定、平衡状态的恢复。既需要依据损害程度、修复的步骤方法及所需的设备等因素，按照科学的方法对损害进行评估，又需要具体的标准以及相应的验收程序。②

我国民法中恢复原状的含义相对狭窄且简单，不同于绝大多数大陆法系民法。许多大陆法系国家的民法中，"返还财产""修理、重作、更换" 都是恢复原状的表现形式，但我国将这些内容剥离出来，作为一类单独的民事责任承担方式。《民法通则》、《侵权责任法》以及《民法总则》都采取了这种立法方式，《民法典》"总则编" 也沿

---

① 参见崔建远《关于恢复原状、返还财产的辨析》，《当代法学》2005 年第 1 期。

② 实际上，在《民法总则》审议中从特别规定 "修复生态环境" 这一责任方式到最终删除，无论正反意见，都认识到 "恢复原状" 虽可笼统包含 "修复生态环境"，但 "修复生态环境" 在适用中的特殊性不可被忽视。

用了这种方式。这使得我国民法中恢复原状的含义变得相当狭窄且简单化，只能意指"当所有权人的财产被非法侵害而损坏时，能够修理的，所有权人有权要求加害人通过修理，恢复财产原有的状态"。①由此，恢复原状费用请求权这种恢复原状的替代方式也就必然不会被肯定，在大多数情况下是将修理费用的支付与"赔偿损失"的责任方式相混同。② 在这种"恢复原状"的立法之下，"修复生态环境"显然无法被纳入"恢复原状"的范畴。司法实践证明，由于生态环境修复的专业技术性，大多数情况下的生态环境修复由第三方专业机构进行，责任人仅承担相关修复费用。但是根据我国民事立法中的"恢复原状"规定，恢复原状费用请求权并非恢复原状的替代方式。如果遵循这个立法逻辑，需要将"修复生态环境"进行细分，将责任人自己修复作为"恢复原状"的一种形式，而将第三人修复、责任人支付费用作为"损害赔偿"的一种形式。这对修复生态环境的适用明显不利，因此需要在理论和实践中对恢复原状做出扩展解释，采用传统民法的广义范围。

最高人民法院在 2016 年 6 月《关于充分发挥审判职能作用为推进生态文明建设与绿色发展提供司法服务和保障的意见》（法发〔2016〕12 号）中明确提出要树立修复为主的现代环境资源司法理念。最高人民法院于 2016 年 7 月发布的《中国环境资源审判》白皮书指出，"各级法院以尽可能将受到损害的生态环境修复到损害发生之前的状态和功能作为环境资源审判的最终目标，落实以生态环境修复为中心的损害救济制度，促使责任人积极履行生态环境修复义务"。但是从实践来看，由于生态环境损害的复杂性、系统性、潜伏性等特质，做出妥当的修复指令非常困难。有的判决只笼统提出支付的费用

---

① 参见王利明《民法总则研究》，中国人民大学出版社 2012 年版，第 508 页。
② 参见程啸、王丹《损害赔偿的方法》，《法学研究》2013 年第 3 期。

"用于修复生态环境"，没有具体的修复要求。① 这不利于判决的有效执行，而且由于高昂的费用本身已超出责任人的承受极限，如果没有适当的履行方式，"空判"的可能性极大。有的判决书中的修复目标单一，只针对个别环境介质，缺乏对生态环境的系统性考量。比如判决水污染修复只注意水质而不考量整个河流或湖泊生态系统的状态，判决土壤污染修复只关注某种污染物质浓度的降低和量的减少，而没有考虑一定范围内土壤生态系统服务功能的修复。另外，还有的判决忽视生态环境修复的长期性。比如判决责任人在两个月内完成污染土壤无害化填埋的相关工作。② 有的判决仅强调在数个月内的补植复绿而未考虑补植后林木的长期养护以及生态服务功能能否重新形成。③ 对污染物的短期快速处理方式是否能达到"生态环境修复"的效果，值得从理论和实践中加以考察，但这种方式可能给生态环境带来的负面影响必须引起重视，比如以焚烧方式处理固体废物可能造成新的大气污染，填埋处理可能造成填埋区域周边的二次污染等。④ 有的地方

---

① 比如江苏省高级人民法院（2014）苏环公民终字第 00001 号民事判决书；"中华环保联合会诉德州晶华集团振华有限公司环境污染责任纠纷案"，山东省德州市中级人民法院（2015）德中环公民初字第 1 号民事判决书；"常州市环境公益协会与储卫清、常州市博世尔物资再生利用有限公司等环境污染责任纠纷公益诉讼案"，江苏省常州市中级人民法院（2014）常环公民初字第 2 号民事判决书；"云南省宜良县国土资源局诉某某环境污染责任纠纷案"，云南省昆明市中级人民法院（2012）昆环保民初字第 6 号民事判决书。

② 参见"镇江市生态环境公益保护协会诉唐长海环境污染侵权赔偿纠纷案"，江苏省镇江市中级人民法院（2015）镇民公初字第 00002 号民事判决书。实践中环境修复目标很大程度上取决于成本、技术和工期。但是，不论是政府主导，还是企业主导下的土壤修复，尽快地将污染场地投入于再开发、收取土地增值的利益是最主要也是最急迫的考虑，对于环境修复不可能做长远打算。在这种情形下，"短平快"的目标是通常的做法。修复往往只针对个别的环境要素和环境问题，考查目标单一、标准单一，没有将环境作为一个有机联系的整体来看待，存在追求短期效益、以政绩考核或者客户需求为导向的倾向。污染土壤修复一般需要较长时间。有专业意见表示，从目前的技术来看，对于污染严重"毒地"的修复，往往需要五到十年，甚至二三十年，但现实中却要求尽快完工。参见赵普《毒地修复：艰难的蜕变》，《华夏时报》2013 年 6 月 8 日。

③ 参见"中华环保联合会与无锡蠡管委环境侵权案"，江苏省无锡市滨湖区人民法院（2012）锡滨环民初字第 0002 号民事判决书。

④ 参见李挚萍《环境修复法律制度探析》，《法学评论》2013 年第 2 期。

法院正在探索"附整治方案的判决书"方式，采取专家评估、公众参与等方式确定修复方案，以解决修复的妥当性问题，这种方式对于小范围的生态环境损害修复效果良好，① 但是否可以适用于大规模生态损害的修复尚存疑问。

"修复生态环境"责任方式适用的前提是生态环境损害具有可恢复性，但并非所有的生态环境损害都可恢复，这就要首先确认损害是否可恢复。② 《民法典》第 1235 条第（二）项以及《环境损害鉴定评估推荐方法》（第Ⅱ版）中所规定的永久性损害即不属于修复的范围。永久性损害是指受损生态环境及其服务难以恢复，其向公众或其他生态系统提供服务的能力完全丧失。值得注意的是，永久性损害并不等于绝对不具有可恢复性，而是"难以恢复"。因为损害的可恢复性既取决于技术上的可行性，也取决于经济上的可行性。有些环境污染和生态破坏造成的损害后果不可逆转，是因为目前的科学技术认知局限和技术手段缺失，使恢复成为不可能。有些环境污染和生态破坏造成的损害后果虽然有修复的可能，但是在短时间内修复成本巨大，远远超出承受能力。比如核事故污染场所治理的成本远远高于其他污染，甚至支付高昂的修复代价也无法达到恢复的目的。这类损害通常不被列入修复的范围。此外，一些有毒有害物质、危险化学品污染所产生的生态环境损害后果，虽然在环境修复的研究上取得了一定的有

---

① 这是贵阳市清镇环保法庭的一种探索。其做法是对已经造成环境污染或生态破坏后果的环境案件，依据诉讼请求，在做出停止侵害、消除危险、恢复原状判决的同时，制定具体的可履行的环境生态整治（修复）方案。方案内容包括明确整治的责任主体、整治时限、整治投入、技术方案、验收标准和监督方法等。清镇环境法庭受理的 18 件环境公益诉讼案件，几乎都采用了这种方式。参见吕忠梅等《环境司法专门化：现状调查与制度重构》，法律出版社 2016 年版，第 89 页以下。

② 实际上，是否可修复的确定不仅涉及技术问题，更涉及政策和法律价值的取向。环境污染治理成本高昂在各国得以证实，但是否因为成本高昂而废弃不用恢复原状方式？如果对环境污染仅仅以金钱赔偿方式救济，将会造成更加不可控的、无法预测的危害后果。相反，如果采用严格的恢复原状措施，污染者虽将付出极大的成本，会在短期内影响经济发展，但为长期的可持续发展创造了良好环境。

效经验和积极效果，但并未找到完全恢复生态环境的有效办法，难以简单地评判这种生态环境损害是否可以恢复。比如对于严重的铅污染场地，目前尚未发现真正可以恢复生态环境状态的修复技术，许多国家都是采取封闭场地、搬迁居民、阻断污染物经由植物或者呼吸进入人体等方式控制损害后果，而不是直接采取生态恢复措施。对于这种情况，也不宜适用修复生态环境的责任承担方式。①

（二）修复方式

从《民法典》第 1234 条的表述来看，修复的方式包括侵权人直接针对受损环境进行修复的方式和侵权人不履行修复义务时支付生态环境修复费用的方式。

1. 由侵权人在合理期限内进行修复

生态环境损害发生后，责任人应当采取有效措施将生态环境修复到损害发生之前的状态和功能。这是由责任人自身以其行为在合理期限内对受损环境进行符合标准的修复。这种方式最为直接，可以避开对生态环境修复费用是否必要、合理的判断以及加害人可能产生的异议。因此，很多法院在可能的情况下都会直接判令被告在一定期限内履行环境修复义务，比如清除污染物，恢复土地、水体原有的养殖等功能；在植被破坏地按照受损植被的种类、数量进行补种复绿，并在确定期间内进行养护等。修复的具体标准通常会由专门部门予以确定并监督实施。② 这种方式大多适用于生态环境损害不太严重的情况，

---

① 随着科学技术的发展，生态环境修复技术会不断提高，有物理、化学、生物修复等修复技术可供选择。如在各种重金属土壤污染修复技术中，没有一种技术是堪称完美的，每一种修复技术都具有自己的优势和局限性，因而常常采取组合修复技术。原环保部推荐的修复技术包括市政工程技术、化学修复技术、生物修复技术、物理修复技术、稳定和固定技术、热处理技术等。参见何连生等《重金属污染调查与治理技术》，中国环境出版社 2013 年版，第 88 页。

② 比如江苏省无锡市中级人民法院（2013）锡环民终字第 1 号民事判决书；江苏省无锡市锡山区人民法院（2009）锡法民初字第 1216 号民事判决书；福建省高级人民法院（2015）闽民终字第 2060 号民事判决书。

以直接的劳动行为即可完成修复，无须借助复杂的技术和设备。当然，这里的损害程度也需要符合生态损害"量"的标准，致损的生态环境状态应当低于"基线"，否则作为修复前提的生态环境损害在法定标准上不存在。在实践中，这种方式的适用多有局限，因为环境事件在很多情况下涉及面广、后果严重且紧急，对其修复需要专业的人员、技术以及设备，而当事人在绝大多数情况下不具备这种条件，所以对于复杂、紧急或严重的环境事件，这种方式不能适用。

2. 由国家规定的机关或者法律规定的组织自行或者委托他人进行修复

侵权人在合理期限内未修复的，国家规定的机关或者法律规定的组织可以自行或者委托他人进行修复，所需费用由侵权人负担。需要指出的是，修复生态环境损害的费用并非损害赔偿。民法上恢复原状费用的请求旨在重建被损害的利益，实现法益状态的完整，以保持利益或完整利益为价值导向；而损害赔偿仅弥补法益价值的差额，旨在保障受害人的价值利益。因此，这种费用在性质上仍属恢复原状的评价范畴，[①] 不属于损害赔偿范畴，而是恢复原状的变形。修复生态环境的费用也是同理，旨在修复受损的生态环境，而非此损害不可修复而转化为金钱赔偿。囿于生态环境修复的专业性，在大多数情况下由责任人直接承担修复义务难以达到相应的标准。在这样的情形下，以责任人支付修复生态环境费用的方式代替其修复义务的直接履行，[②]

---

① 参见〔德〕迪特尔·梅迪库斯《德国债法总论》，杜景林、卢湛译，法律出版社 2003 年版，第 432 页以下；邱聪智《民法研究（一）》，中国人民大学出版社 2002 年版，第 375 页。

② 比如"镇江市生态环境公益保护协会诉唐长海环境污染侵权赔偿纠纷案"，江苏省镇江市中级人民法院（2015）镇民公初字第 00002 号民事判决书；"常州市环境公益协会与储卫清、常州市博世尔物资再生利用有限公司等环境污染责任纠纷公益诉讼案"，江苏省常州市中级人民法院（2014）常环公民初字第 2 号民事判决书；"中华环保联合会诉德州晶华集团振华有限公司环境污染责任纠纷案"，山东省德州市中级人民法院（2015）德中环公民初字第 1 号民事判决书。

由专业人员在环境资源管理机关主导下进行生态环境修复，能够更好地实现法律效果、社会效果、生态效果的有机统一。

对于污染大气、水等具有自净功能的环境介质导致生态环境损害，如果原地修复已没有必要的，在司法实践中，法院会判决被告支付相关的费用，采取劳务代偿、从事环境宣传教育等其他方式。但是，这类费用不能归属于生态环境修复费用，可以将其纳入金钱赔偿的范畴。

另外，需注意的是，在原地修复已无可能的情况下做出的区域性替代修复，是在异地提供一定的生态系统服务功能，这要与原来受损的生态环境的生态系统服务功能等值或大体相当，且位于同一个流域或生态区域。对此，需要制定和实施生态环境替代性修复方案，估算出生态环境替代性修复工程量和工程费用，制定和实施生态环境替代性修复方案的费用加上监测和监管等费用，即为基于替代性修复方式的生态环境修复费用。这样的替代性修复才是真正基于生态环境恢复目标的替代性修复。否则，司法实践中的生态环境修复费用很可能会"名不副实"，甚至会演变成筹集资金治理环境污染的借口，导致逐渐偏离生态环境恢复的目标。①

---

① 在"江苏省徐州市人民检察院诉徐州市鸿顺造纸有限公司水污染公益诉讼案"中，被告先后共计向苏北堤河违法排放 2600 吨生产废水。环保专家评估认为，排放 2600 吨废水所造成的生态环境损害数额共计为 26.91 万元。法院认定，污染物必然因河水流动而向下游扩散，倾倒处的水质即便好转也不意味着地区水生态环境已修复或好转。对于地区生态环境而言，依然有修复的必要。即使现在苏北堤河水质已达标准不需修复，依然需要用替代修复方案对地区生态环境进行修复，被告依然需要承担替代修复责任。鉴于本案被告已明确表示没有能力将环境恢复原状，亦不能提出修复方案，为确保生态环境修复的实现，依据《最高人民法院关于审理环境民事公益诉讼案件适用法律若干问题的解释》第 20 条的规定，在本案中可以用直接确定被告所应承担的生态环境修复费用来替代恢复原状的责任。法院确认被告违法排放 2600 吨污水，按照"虚拟治理成本法"计算，生态环境修复费用为 26.455 万元。最后，法院综合考虑已查明的具体污染环境情节、被告违法程度及主观过错程度、防治污染设备的运行成本、被告生产经营情况及因侵害行为所获得的利益、污染环境的范围和程度、生态环境恢复的难易程度、生态环境的服务功能等因素，酌情确定被告所应当承担的生态环境修复费用及生态环境受到损害至恢复原状期间服务功能损失共计 105.82 万元（参见江苏省徐州市中级人民法院（2015）徐环公民初字第 6 号）。（转下页注）

（三）修复标准与修复方案

就修复标准而言，修复是要将生态环境修复到损害发生之前的状态和功能，但从严格意义上来说，生态环境受到污染和破坏后，恢复到损害之前的状态几无可能，功能也只是最可能地接近。此外，如果受到损害前的生态环境并不处于良好状态，要求加害者恢复原状也并非受害者利益所需。因此，对生态环境损害修复标准中的"原有状态"不能机械地理解，否则可能会导致过度修复或者修复不足。

原环保部《环境损害鉴定评估推荐方法》（第Ⅱ版）对修复的标准做了两方面具体设置，即第 4.10 条、第 4.14 条的"可接受风险水平"和第 4.11 条的"基线状态"。两种标准针对的修复对象及考量因素不同，前者是为防止污染物累积达到破坏生态环境或者损害人体健康的程度，重点在于降低环境污染程度，需综合考虑科学、社会、经济和政治因素，可依据危害性和脆弱性分析、成本效益分析、技术手段可行性分析等确定人体健康或生态系统的可容忍的风险水平。这种修复标准具有一定的应急性，主要是为了减少或清理已经排放到环境中的过剩物质。而后者则是为了恢复生态环境的物理、化学或生物特性及其提供的生态服务功能。这种修复标准具有基础性，目的在于恢

（接上页注①）法院认为，苏北堤河水质已达标准不需修复，但需要用替代性修复方案对地区生态环境进行修复，被告应当承担替代性修复责任。有学者指出，按照这种司法说理，应该首先制定生态环境替代性修复方案，计算制定和实施替代性修复的费用，再加上监测和监管等费用，即为《最高人民法院关于审理环境民事公益诉讼案件适用法律若干问题的解释》第 20 条中的生态环境修复费用，此外，还需要鉴定评估机构评估生态环境受到损害至替代性修复达到预期目标的期间生态环境服务功能损失。然而，判决书却直接以"虚拟治理成本法"计算出来的生态环境损害数额 26.455 万元乘以 4 倍计算出生态环境修复费用和期间服务功能损失共计 105.82 万元，因此，在严格的意义上讲，本案司法说理中使用的"替代性修复"其实并非《最高人民法院关于审理环境民事公益诉讼案件适用法律若干问题的解释》第 20 条中的替代性修复。本案并没有采取生态环境替代性修复成本法计算生态环境修复费用，而是运用了"虚拟治理成本法"这种环境价值评估方法来估算生态环境损害数额。参见王小钢《生态环境修复和替代性修复的概念辨正——基于生态环境恢复的目标》，《南京工业大学学报》（社会科学版）2019 年第 1 期。

复生态系统的平衡、稳定状态。两种标准的适用可以根据不同情况和目标进行选择，也可以先修复至可接受风险水平再恢复至基线状态，或者在修复至可接受风险水平的同时恢复至基线状态。

修复生态环境责任能否落实，取决于是否有符合生态修复目标并切实可行的生态环境修复方案。在确认生态环境损害发生、确定其时空范围并判定污染环境或破坏生态行为与生态环境损害间因果关系的基础上，生态修复方案实际是对修复路径的评判和选择，这必然涉及技术性问题，并且有可能大大超出法官的认知水平与能力。这导致相当多的判决书在判决当事人承担生态修复责任后，对生态修复资金仅做出"用于环境修复"的笼统表述，回避了生态修复方案问题。这种判决可能带来一系列问题，没有具体的生态修复方案，可能出现生态修复资金的计算依据和标准与实际修复目标之间的差距，使修复难以实际进行，或者修复方案不能迅速跟进，导致生态系统的更大破坏。

在司法实践中，有的法院对生态修复方案进行了积极探索，创造了"附生态修复方案的判决"形式，将专业机构制定的修复方案作为生效裁判文书的附件，赋予其执行力。比如"贵阳公众环境教育中心诉贵州省清镇红枫瓷业有限公司环境污染责任纠纷案"，调解协议后面附有环保专业机构拟定的《环境污染治理技术方案》。有的法院在裁判文书中明确表述以鉴定、评估报告为依据确定被告承担的环境修复费用。比如"昆明市环保局诉昆明三农农牧有限公司等水污染责任纠纷案"，法院认为昆明市环境科学研究院的《治理成本评估报告》具有科学性、现实可行性、必要性和时效性，应予以采信，据此鉴定出来的治污费用由被告承担。① 一些法院出于生态环境修复的专业性考虑，对专业机构的报告和方案"照单全收"，这种做法可能带来生态治理方案的技术性与法律性之间关系是否得到了妥善处理的疑虑。

---

① 参见云南省高级人民法院（2011）云高民一终字第41号民事判决书、昆明市中级人民法院（2010）昆环保民初字第1号民事判决书。

专业机构制定的环境修复评估报告以及治理方案是根据特定技术规范做出的，具体的修复目标细化为修复方案中的技术指标和污染物容量值。这些数值应在多大程度上反映法律规范中的修复要求，以及制定修复方案的技术专家能否全面代表不同的利益主体、不同的环境利益，值得进一步讨论。修复方案的确定不可避免地会受到部分利益主体的影响甚至左右。即使是中立的专家，也可能由于专业领域、知识能力的限制，无法充分保证环境修复目标的公正性、科学性和可行性。[①] 因此，在司法裁判中，法官应当审慎地对待各种技术方案、评估报告，对其进行合法性审查，在妥当衡量其技术性与法律性的关系后再加以采纳。在这方面，《环境损害鉴定评估推荐方法》（第Ⅱ版）对于修复方案的选择与确定，就涉及法律价值评判的一些考量因素，给出了指导性意见。比如第 8.3.2.1.3 项规定，"基本恢复方案的定性筛选"应当考虑的因素包括：（1）有效性，即恢复方案应该能够实现对受损环境的恢复、修复或重置；（2）合法性，即符合国家或地方相关法律法规、标准和规划等；（3）保护公众健康和安全，即恢复工程不得危害公众健康和安全；（4）技术可行性，即恢复方案应该有较高的成功的可能性，并在技术上可行；（5）公众可接受，即恢复方案应该达到公众可接受的最低限度，恢复方案的实施不得产生二次损害；（6）减小环境暴露，即恢复方案应该尽量降低环境的污染物暴露量与暴露水平，包括污染物的数量、流动性和毒性等。可见，生态修复方案的考虑并非只有技术性因素，其中第（2）项是法律因素，第（5）项涉及公众利益与责任人利益的衡量，对于这些因素的考虑，不可能也不应该由环保技术人员做出，而是需要法官以自身的法律素养在考虑规范要求以及政策需求的基础上做出判断。

还有一个重要的问题是，由于生态环境的公共性、社会性，修复

---

① 参见李挚萍《环境修复目标的法律分析》，《法学杂志》2016 年第 3 期。

方案的确定需要公众的参与，必要时还应以一定形式充分征求公众或相关利益方的意见。比如在"中华环保联合会与无锡蠡管委环境侵权案"中，法院建议被告提供对宕口地块的原地复绿固土计划和方案，以及对 3677 平方米土地采取异地补植的三套备选方案。被告在案件审理期间对补植方案进行了具体设计和网上公示，没有人提出异议。在广泛听取民意后，法院判决被告承担持续整治和复绿固土义务。[1]再如在"常州市环境公益协会与储卫清、常州市博世尔物资再生利用有限公司等环境污染责任纠纷公益诉讼案"中，为确定环境污染损害价值、制定环境修复方案，法院依照法定程序委托江苏常环环境科技有限公司进行评估鉴定，同时为鼓励环境污染当地群众积极参与环境修复，要求江苏常环环境科技有限公司出具三套环境生态修复方案。法院将三套方案在受污染场地周边予以公示，并到现场以发放问卷的形式收集公众意见。法院以该公众意见作为重要参考并结合案情最终确定了环境生态修复方案，要求江苏常环环境科技有限公司按照生态环境修复方案提供鉴定结论。[2] 这些尝试体现了环境法领域的"公众参与"原则，也起到了促进执行的良好作用，但如何纳入规范、程序化轨道，值得进一步归纳总结。[3]

五　生态环境损害的赔偿项目

对生态环境损害的救济，除了主要进行《民法典》第 1234 条所规定的生态环境修复之外，还涉及相关损失和费用的赔偿。对此，《民法典》第 1235 条做了具体列举。

---

[1]　参见江苏省无锡市滨湖区人民法院（2012）锡滨环民初字第 0002 号民事判决书。

[2]　参见江苏省常州市中级人民法院（2014）常环公民初字第 2 号民事判决书。

[3]　公众参与机制是要明确和保障公众的知情权、参与权、表达权、监督权。公众参与所要解决的是环境保护与经济发展、社会生活之间的平衡问题。具体的环境保护措施或者开发利用行为关涉到特定范围内公众的利益，其实施应当由相应范围内的公众参与。

（一）《民法典》第 1235 条的基本情况

《民法典》第 1235 条规定："违反国家规定造成生态环境损害的，国家规定的机关或者法律规定的组织有权请求侵权人赔偿下列损失和费用：（一）生态环境受到损害至修复完成期间服务功能丧失导致的损失；（二）生态环境功能永久性损害造成的损失；（三）生态环境损害调查、鉴定评估等费用；（四）清除污染、修复生态环境费用；（五）防止损害的发生和扩大所支出的合理费用。"

该条对生态环境损害赔偿范围的规定在原来的民事立法中未曾出现，而是见诸党政机关的政策文件之中。《生态环境损害赔偿制度改革试点方案》曾在试点内容中涉及生态环境损害的赔偿范围，后于 2017 年颁行的《生态环境损害赔偿制度改革方案》中予以明确：生态环境损害赔偿范围包括清除污染费用、生态环境修复费用、生态环境修复期间服务功能的损失、生态环境功能永久性损害造成的损失以及生态环境损害赔偿调查、鉴定评估等合理费用。在司法实践中，海事案件的生态环境损害问题较为突出，《最高人民法院关于审理船舶油污损害赔偿纠纷案件若干问题的规定》中较早地涉及了生态环境损害赔偿的相关费用。该解释第 9 条规定的船舶油污损害赔偿范围有两项与本条相关，其中第一项为防止或者减轻船舶油污损害采取预防措施所发生的费用，以及预防措施造成的进一步灭失或者损害，第四项为对受污染的环境已采取或将要采取合理恢复措施的费用。在相关实践以及政策的基础上，《最高人民法院关于审理环境民事公益诉讼案件适用法律若干问题的解释》中较为全面地规定了生态环境损害的赔偿范围，第 20 条、第 21 条、第 22 条、第 23 条、第 24 条列举了期间损失、生态环境修复费用、诉讼辅助类费用等。《最高人民法院关于审理海洋自然资源与生态环境损害赔偿纠纷案件若干问题的规定》就海洋自然资源和生态环境损害做了赔偿范围的规定。在上述解释的基础上，《最高人民法院关于审理生态环境损害赔偿案件的若干规定（试行）》做了全面的总结。《民法典》沿用司法解释的规定。

从《民法典》编纂过程来看，除了2017年10月《民法典侵权责任编草案（民法室室内稿）》对生态环境损害赔偿范围的规定稍微简略之外，从《民法典侵权责任编草案（一审稿）》开始，《民法典侵权责任编草案（二审稿）》《民法典侵权责任编草案（三审稿）》都以列举方式对期间损失、永久性损失、辅助性费用、清除和修复费、防止扩大费用做了明确规定。《民法典》沿用此列举规定。

《民法典》第1235条规定了国家规定的机关或者法律规定的组织基于生态环境损害，请求侵权人赔偿损失的具体项目。较之一般的侵权损害赔偿范围，生态环境损害后果较为复杂，因此该条采用列举方式明确规定了五项损失与费用，其旨在引导当事人按照该条列举的赔偿范围提出诉讼请求，并帮助和限定法官在认定生态环境损害赔偿范围时做出准确妥当的裁判。

（二）赔偿损失与费用的性质

《民法典》第1235条所列的五项损失和费用包括：（1）生态环境受到损害至修复完成期间服务功能丧失导致的损失；（2）生态环境功能永久性损害造成的损失；（3）生态环境损害调查、鉴定评估等费用；（4）清除污染、修复生态环境费用；（5）防止损害的发生和扩大所支出的合理费用。

此五项的性质以及使用的情况并不一致。前两项属于传统民法意义上的金钱赔偿，即以支付货币等方式进行对价弥补，此处是针对生态环境服务功能丧失期间的价值损失以及永久性损害的价值损失做出的对价补偿。第三项属于辅助性费用，在调查审理生态环境损害事件中都会涉及的程序辅助类费用。第四项属于传统民法意义上的恢复原状的范畴。但是，由于我国民法中恢复原状被狭义化，其意指仅为

"当所有权人的财产被非法侵害而损坏时，能够修理的，所有权人有权要求加害人通过修理，恢复财产原有的状态"。[①] 恢复原状费用请求权这种恢复原状的替代方式也就必然不会被肯定，在大多数情况下是将恢复费用的支付与金钱赔偿的责任方式相混同。[②] 这种混同需要在恢复原状成本过高的情况下注重在恢复原状的必要性与生态环境系统的良好运行之间妥当确定相关费用。第五项适用于生态环境损害事件发生后防止损害的发生和扩大所支出的费用，无论是可以恢复的情况还是不可恢复的情况，都能适用。

（三）赔偿范围的具体项目

1. 生态环境受到损害至修复完成期间服务功能丧失导致的损失

根据原环保部《环境损害鉴定评估推荐方法》（第Ⅱ版）的界定，这项损失是指生态环境损害发生至生态环境恢复到基线状态期间，生态环境因其物理、化学或生物特性改变而向公众或其他生态系统提供服务的丧失或减少，即受损生态环境从损害发生到其恢复至基线状态期间提供生态系统服务的损失量。生态环境有其服务功能，《环境损害鉴定评估推荐方法》（第Ⅱ版）第4.8条中指出"生态系统服务"是"人类或其他生态系统直接或间接地从生态系统获取的收益。生态系统的物理、化学或生物特性是生态系统服务的基础"。其中，具体包括了调节、支持、生产等功能。[③] 一旦生态环境损害事件发生，事件未发生时原本能够由生态系统或环境、自然资源提供的生态服务功能将暂时丧失。如果被损害的生态环境可以通过基础性

[①]　参见王利明《民法总则研究》，中国人民大学出版社 2012 年版，第 508 页。

[②]　参见程啸、王丹《损害赔偿的方法》，《法学研究》2013 年第 3 期。

[③]　参见高地等《中国生态系统服务的价值》，《资源科学》2015 年第 9 期；张彪等《基于人类需求的生态系统服务分类》，《中国人口·资源与环境》2010 年第 6 期；蔡运龙《自然资源学原理》，科学出版社 2007 年版，第 126 页。

生态损害修复措施或补充性生态损害修复措施予以修复或回复到生态损害发生前的水平，则从生态环境损害发生时起到生态服务功能基线水平时止的期间所丧失的功能，其换算成的损失应当由侵权人承担赔偿。

在实践中，如何计算该项损失，存在较大困难。法官在很多情况下是直接引用生态环境损害鉴定评估报告的结论，导致司法上的评价依附于技术鉴定，流于形式。[①] 另外，在计算方法上，由于虚拟治理成本法在操作上较为便利，也具有可测量性等，同时生态环境服务功能损失在形式上也表现为由环境污染行为或生态破坏行为所引起的一种消极后果，可以将其视为生态环境损害的表现形式，也就可以适用该方法进行评估损害，因此法官会较多地运用虚拟治理成本法进行评估，[②] 有的甚至将其直接混同于生态环境修复费用。[③]

对于该项损失的评估，需注意的是，生态环境的服务功能具有复杂性、多样性、动态性、系统性等特质，生态系统中不同的环境要素之间相互影响并发挥不同的功效，即使是相同的环境要素，在不同生态空间中发挥的作用以及在整个系统中的功能可能会不同。比如森林的林木与荒原的林木，针对不同的服务主体衍生出的服务功能就不同，其损失难以用单一市场价格确定，需根据科学机制选择合适的方

---

① 参见李树训《回归裁判理性：明辨"生态环境服务功能的损失"》，《重庆大学学报》（社会科学版）2020 年第 2 期。

② 比如"浙江省开化县人民检察院与被告衢州瑞力杰化工有限公司环境污染责任公益诉讼案"，参见浙江省开化县人民法院（2017）浙 0824 民初 3843 号民事判决书。该案法院认定，非法填埋固废造成的损失包括：服务功能损失费 = ［渗滤液 6972.68 立方米 ×（污水处理费 1.05 元/立方米 + 运费 0.51 元/立方米）+ 人工费 217.79 元/天 ×109 天］×5.25 倍 = 181736.31 元（取整数）；修复费用涵括技术费、材料费、人工费等其他费用，共计1240050 元。

③ 比如"湖北省十堰市人民检察院与被告郧西县魏多成养猪专业合作社水污染责任环境公益诉讼案"，参见湖北省十堰市中级人民法院（2018）鄂 03 民初 6 号民事判决书。该案法院认定，排废造成的修复费用和服务功能损失费共计：废水排放量（49905.75 立方米）×每立方废水基本处理费用（8.5 元/立方米）×倍数 =424198.88 元。

式妥当确定。① 因此，对该项损失的判断，应当根据对环境要素的具体作用、损害程度来衡量其对生态环境服务功能影响的大小，针对不同的损害类型做出区分，而不是一概以虚拟治理成本法进行计算。

2. 生态环境功能永久性损害造成的损失

尽管对于污染环境和破坏生态的后果是以修复为原则，但并非所有的生态环境损害都可恢复，要先确认损害是否可恢复。永久性损害即不属于修复的范围。如前所述，永久性损害是指受损生态环境及其服务难以恢复，其向公众或其他生态系统提供服务的能力完全丧失。这类损害并不等于绝对不具有可恢复性，而是"难以恢复"。因为损害的可恢复性既取决于技术上的可行性，也取决于经济上的可行性。总之对于这类情况，只能请求生态环境功能永久性损害的赔偿。

3. 生态环境损害调查、鉴定评估等费用

与一般侵权损害后果的确定不同，生态环境损害的确定过程包括现场预调查、勘察监测、污染场地调查、风险评估、损害评估费用等环节，每一个环节都需要专业的人员和科学设备，因此会产生各种相关费用，应当由侵权人承担。② 此类费用的确定方式，可以通过鉴定

① 比如"中国生物多样性保护与绿色发展基金会与新郑市薛店镇花庄村民委员会、新郑市薛店镇人民政府等环境公益诉讼案"。该案的争议焦点是服务功能损失费计算依据及赔偿标准问题。就服务功能损失费赔偿标准问题，法院认为，案涉古枣树虽不属于古树名木，但均有上百年的树龄，即使是经济林，也具有一定的生态价值，同时承载着深厚的人文价值，被移栽致死必然产生服务功能损失。根据《最高人民法院关于审理环境民事公益诉讼案件适用法律若干问题的解释》第21条的规定，一审判决薛店镇政府、花庄村委会赔偿生态环境受到损害至恢复原状期间服务功能损失，于法有据。关于服务功能损失费的赔偿标准，一审法院经咨询有关专家，参照《第八次全国森林资源清查河南省森林资源清查成果》及《河南林业生态省及提升工程建设绩效评估报告》的相关内容，以河南省2016年平均每亩林地森林生态价值为3644.15元的标准，酌定涉案的198.5亩枣林地服务功能损失为五年的森林生态价值，即3616818.9元，亦无不妥。参见最高人民法院（2019）民申第5508号民事裁定书。

② 此类费用在不同判决中的表现以及名称不同，但都属于辅助查明损害过程中所产生的费用。比如我国法院在"塔斯曼海轮生态损害案件"中，法院判令被告赔偿调查、监测评估费用及其生物修复研究经费等项目。参见天津海事法院（2003）津海法事初字第183号民事判决书。

单位提供的鉴定费用清单确定。如果不能提供确定清单，可以由法院依据相关指导价和鉴定标的额酌情确定。[①]

4. 清除污染、修复生态环境费用

《民法典》第1234条规定："侵权人在期限内未修复的，国家规定的机关或者法律规定的组织可以自行或者委托他人进行修复，所需费用由侵权人负担。"由此，在责任人应承担生态环境修复责任但确无能力或者明确表示不履行时，法院可以直接判决责任人承担生态环境修复费用。

对于这类损害的确定，也要根据受损环境要素在生态系统中所具有的功能来采取不同的方式，举例如下。

如果受损的环境要素同时是经济资源，一般将环境的损益以资源量为单位表征，比如鱼或鸟的种群数量、水资源量等，一方面确定环境污染或生态破坏所致资源损失的折现量，另一方面确定恢复行动所恢复资源的折现量，在这两者之间以折现量的对比关系为基础结合个案中受损的具体情况来确定生态恢复的规模。比如在昆明市环保局诉昆明三农农牧有限公司等水污染责任纠纷案案件中，针对污染企业主张水质已根本性好转的抗辩，法院认为，恢复被污染的地下水水质需要较高的技术水平，虽然污染企业暂时解决了村民目前的饮用水困难，但受污染水域水质不稳定，且该污染在雨季和非雨季所呈现的污染严重程度有所不同，无法从根本上保证村民的饮用水，故《治理成本评估报告》提出建造治污设施具有必要性。[②] 该案中企业排污导致村民饮水困难，需要从根本上保障村民的饮水，由此法院确定需要恢复的水资源规模，采用了环境污染导致水资源损失的折现量和从根本

[①] 参见竺效主编《环境公益诉讼实案释法》，中国人民大学出版社2018年版，第102页。

[②] 参见"昆明市环保局诉昆明三农农牧有限公司等水污染责任纠纷案"，云南省高级人民法院（2011）云高民一终字第41号民事判决书、昆明市中级人民法院（2010）昆环保民初字第1号民事判决书。

上保障村民饮水恢复行动的折现量之间的对比关系的方法予以确定。

如果受损的生态环境主要是提供生态系统服务，或兼具经济资源与生态系统服务，一般将环境的损益以生态服务为单位来表征，比如生境面积、服务恢复的百分比等，通过建立环境污染或生态破坏所致生态系统服务损失的折现量与恢复行动所恢复生态系统服务的折现量之间的对比关系并结合个案中受损环境的具体情况来确定生态恢复的规模。比如在"中华环保联合会与无锡蠡管委环境侵权案"中，鉴于无法在原地进行恢复，法院指出恢复原状不仅是指就地恢复原有的环境状况，更主要的是指恢复环境的生态容量，达到生态平衡，这更符合恢复原状的法理精神。如果能够就地恢复，即应就地恢复；若就地恢复确有困难，可以异地恢复，以尽量达到或超过原有的生态容量水平。对异地恢复的地点，按照与原被侵权地联系最密切、恢复方案经济可靠的原则来确定。在案件审理过程中，无锡蠡管委自愿提出的复绿方案具有可行性，并属于就地恢复环境生态容量的组成部分，对该复绿固土方案予以确认与准许。① 该案法院对生态环境损害的确认是从生态系统服务功能的破坏或损伤出发，对生态恢复规模的确定是根据林木被损坏导致生态系统服务损失的折现量和在异地进行造林复绿的折现量之间的对比关系进行的。

如果不能以经济资源或生态系统服务进行衡量，那么将恢复行动所产生的环境价值贴现与受损环境的价值贴现建立对比关系，以此对比关系为基础结合对个案具体情况的考量来确定应当支付的费用。为此，《环境损害鉴定评估推荐方法》（第Ⅱ版）规定了多种评估方法。在实践中，涉及水污染、大气污染等难以准确计算生态修复费用的情况较多适用的是虚拟治理方法，即按照现行的治理技术和水平治理排

---

① 参见"中华环保联合会与无锡蠡管委环境侵权案"，江苏省无锡市滨湖区人民法院（2012）锡滨环民初字第 0002 号民事判决书。

放到环境中的污染物所需要的支出。①

　　在一些专门领域，相关机构会根据该领域的特质颁行专门的计算标准。比如农业部《水域污染事故渔业损失计算方法规定》（农渔发〔1996〕14 号）就有对天然渔业资源经济损失金额的计算方法，即不

---

① 依据《环境污染损害数额计算推荐方法》A.2.3 条以及《突发环境事件应急处置阶段环境损害评估技术规范》附 F 的规定，"虚拟治理成本即污染物排放量与单位污染物虚拟治理成本的乘积"。其适用前提为：（1）不能完全恢复遭受损害的生态环境；（2）恢复成本远远大于其收益；（3）缺乏恢复受损生态环境的评价指标。确认污染物的排放量的常见两种方式为：（1）加害者在刑事侦查阶段的供述，"先刑后民"的诉讼模式实现了调查结果的共享；（2）查明的排污数量或推算结果为依据。单位污染物虚拟治理成本，《突发环境事件应急处置阶段环境损害评估技术规范》规定为"突发环境事件发生地的工业企业或污水处理厂单位污染物治理平均成本（含固定资产折旧）"。目前已有多起环境案件采用了虚拟治理成本法来计算环境修复费用，比如最典型的泰州市中级人民法院一审、江苏省高级人民法院二审的"泰州市环保联合会诉江苏常隆农化有限公司等六公司环境污染损害赔偿案"。在该案中，江苏常隆农化有限公司等六公司将生产的副产盐酸等交给无危险物处理资质的主体偷排于泰兴市如泰运河、泰兴市高港区古马干河中，导致水体严重污染，造成重大环境损害，需要进行污染修复。一审审理过程中，泰州市中级人民法院邀请江苏省环境资源司法保护专家库专家、东南大学吕锡武教授作为专家辅助人对案件所涉及的环境科学问题做出专业评判，并在此基础上依据《环境污染损害数额计算推荐方法》规定的虚拟治理成本法来核定环境修复费用。一审判决认为依据《环境污染损害数额计算推荐方法》第4.5 条规定，在污染修复费用难以计算的情况下，地表水污染修复费用采用虚拟治理成本法计算的原则为，Ⅲ类地表水的污染修复费用为虚拟治理成本的 4.5～6 倍。对照江苏常隆农化有限公司等六被告倾倒的数量和虚拟治理成本，按照Ⅲ类地表水的污染修复费用为虚拟治理成本的 4.5 倍计算，六被告应承担的污染修复费用合计 160666745.11 元。江苏省高级人民法院二审判决认定一审对修复费用的计算方法适当。由于如泰运河、古马干河水体处于流动状态，且倾倒行为持续时间长、倾倒数量大，污染物对如泰运河、古马干河及其下游生态区域的影响处于扩散状态，难以计算污染修复费用。《环境污染损害数额计算推荐方法》对此类情况推荐采用虚拟治理成本法计算污染修复费用。《评估技术报告》以治理本案所涉副产酸的市场最低价为标准，认定治理六家公司每吨副产酸各自所需成本，此成本即《环境污染损害数额计算推荐方法》所称的虚拟治理成本。一审法院根据六家公司副产酸的虚拟治理成本、被倾倒的数量，再乘以Ⅲ类地表水环境功能敏感程度推荐倍数 4.5～6 倍的下限 4.5 倍，判决江苏常隆农化有限公司等六被告合计承担 160666745.11 元。从该案来看，存在作为难以计算污染修复费用的情形，法院并没有直接按照评估报告载明的治理成本来认定六被告应支付的环境修复费用，而是以评估报告载明的治理成本为依据，同时参考了专家意见，采用《环境污染损害数额计算推荐方法》推荐的虚拟治理成本法。参见"泰州环保联合会诉泰州某公司环境污染案"，最高人民法院（2015）民申字第1366 号民事裁定书、江苏省高级人民法院（2014）苏环公民终字第 00001 号民事判决书。另外，还可参见"连云港市赣榆区环境保护协会诉顾绍成环境污染损害赔偿公益诉讼案"，江苏省连云港市中级人民法院（2014）连环公民初字第 00001 号民事判决书。

应低于渔业资源直接经济损失的 3 倍。法院认为这是经过多年的实际调查，依据大量案例，由专家反复检验论证，并以国家规章的形式予以确定的方法，在国内已实施多年，是我国目前计算污染造成渔业资源损失的规范性文件。依据该规定计算的渔业资源损失不是纯理论计算，而是采用专家评估法，以现场调查和天然渔业资源动态监测资料为依据，对污染造成的天然渔业资源经济损失做出的客观评估。①

另外，在很多情况下生态环境修复费用难以确定，或者即使可以确定，也需要耗费昂贵的鉴定费用。对于这些情况，在个案裁量时，法官应结合案涉诸多因素予以裁量。《最高人民法院关于审理环境民事公益诉讼案件适用法律若干问题的解释》第 23 条规定：生态环境修复费用难以确定或者确定具体数额所需鉴定费用明显过高的，人民法院可以结合污染环境、破坏生态的范围和程度、生态环境的稀缺性、生态环境恢复的难易程度、防治污染设备的运行成本、被告因侵害行为所获得的利益以及过错程度等因素，并参考负有环境保护监督管理职责的部门的意见、专家意见等，予以合理确定。②

---

① 参见"天津市渔政渔港监督管理处诉英费尼特航运有限公司等船舶碰撞油污染损害赔偿纠纷案"，天津海事法院（2003）津海法事初字第 184 号民事判决书。

② 在该司法解释条文中，关于污染环境、破坏生态的范围和程度、污染物种类、生态环境的稀缺性、生态环境恢复的难易程度，参考了原环境保护部制定的《环境污染损害数额计算推荐方法》规定的部分评估参数。关于防治污染设备的运行成本，借鉴了《环境保护法》第 59 条关于违法排放污染物处罚数额计算依据的规定。《环境保护法》第 59 条规定："企业事业单位和其他生产经营者违法排放污染物，受到罚款处罚，被责令改正，拒不改正的，依法作出处罚决定的行政机关可以自责令改正之日的次日起，按照原处罚数额按日连续处罚。前款规定的罚款处罚，依照有关法律法规按照防治污染设施的运行成本、违法行为造成的直接损失或者违法所得等因素确定的规定执行。"当前，守法成本高、违法成本低是实践中的一个突出问题，违法排污的罚款数额往往会低于正常运行防治污染设施的成本，所以企业大都选择违法排污。因此，《环境保护法》修订时规定环境执法部门在确定罚款数额时应将运行防治污染设施成本这一因素纳入裁量的范围。关于被告因侵害行为所获得的利益，是为了减轻原告的证明负担，这在现行法中也有规定，多见于知识产权领域的法律。比如，《专利法》第 65 条规定："侵犯专利权的赔偿数额按照权利人因被侵权所受到的实际损失确定；实际损失难以确定的，可以按照侵权人因侵权所获得的利益（转下页）

关于生态环境修复款项的支付与使用，《最高人民法院关于全面加强环境资源审判工作为推进生态文明建设提供有力司法保障的意见》第 14 条指出了两种方式，一是探索设立环境公益诉讼专项基金，专款用于恢复环境、修复生态、维护环境公共利益；二是与环境资源保护行政执法机关、政府财政部门等协商确定交付使用方式。① 在实践中，修复费用的支付以及使用方式也存在两种情形。

一种是由法院负责将责任人支付的款项用于修复生态环境。这种情况多为中华环保联合会以及各地的环保组织等公益性社会组织作为原告提起的环境民事公益诉讼。② 法院判决被告承担的修复款项向地

（接上页注②）确定。权利人的损失或者侵权人获得的利益难以确定的，参照该专利许可使用费的倍数合理确定。赔偿数额还应当包括权利人为制止侵权行为所支付的合理开支。"此外，《商标法》《著作权法》也有被侵权人实际损失难以确定的，可以按照侵权人因侵权所获得的利益加以确定的类似规定。对于污染企业获得的收益，可以通过企业排污期间所获得的利润扣除应支出的治污成本予以确定，还可以参照政府部门的相关统计数据和信息，以及同区域同类生产经营者的同期平均收入、平均治污成本，合理酌定。此外，法院在依职权酌定时可以参考负有环境保护监督管理职责的部门的意见。环境保护、国土、海洋、农业、水利等负有环境保护监督管理职责的部门大都有各自下属的监测或者检验鉴定机构，具备专业人员、技术、设备和经验优势，并且，在污染事件发生后，负有环境保护监督管理职责的部门为履行行政处罚等监管职责，通常会有环境污染事件的调查报告。因此，法院在生态环境修复费用难以确定或者确定费用明显过高的情况下，应主动听取负有环境保护监督管理职责的部门的意见，并将之作为考量因素之一。参见最高人民法院环境资源审判庭《最高人民法院〈关于环境民事公益诉讼司法解释〉理解与适用》，人民法院出版社 2015 年版，第 331 - 333 页。

① 该条使用的术语是"环境赔偿金"，这种表述并不妥当。因为"赔偿"通常用于不可修复后果的弥补，而此处所指的专门款项是用于生态环境的修复，其主要目的在于对可修复生态环境损害的恢复，而不是对不可修复后果的弥补。

② 比如"北京市朝阳区自然之友环境研究所、福建省绿家园环境友好中心诉谢知锦等破坏林地民事公益诉讼案"，福建省高级人民法院（2015）闽民终字第 2060 号民事判决书；"巴林左旗林业局与巴林左旗恒发矿业有限责任公司环境侵权责任纠纷案"，内蒙古自治区巴林左旗人民法院（2014）巴民初字第 4182 号民事判决书；"常州市环境公益协会与储卫清、常州市博世尔物资再生利用有限公司等环境污染责任纠纷公益诉讼案"，江苏省常州市中级人民法院（2014）常环公民初字第 2 号民事判决书；"泰州环保联合会与六家公司环境污染责任纠纷案"，最高人民法院（2015）民申字第 1366 号民事裁定书、江苏省高级人民法院（2014）苏环公民终字第 00001 号民事判决书；"连云港市赣榆区环境保护协会诉顾绍成环境污染损害赔偿公益诉讼案"，江苏省连云港市中级人民法院（2014）连环公民初字第 00001 号民事判决书；"中华环保联合会与无锡蠡管委环境侵权案"，江苏省无锡市滨湖区人民法院（2012）锡滨环民初字第 0002 号民事判决书；"中华环保（转下页注）

方财政机关设立的专项账户支付，然后再由法院向财政专户申请款项
用于生态环境的修复。目前，无锡、昆明、贵阳、德州等地采取了将
环境修复资金和服务功能损失等款项缴入专户或基金予以管理使用的
方式。①

（接上页注②）联合会诉德州晶华集团振华有限公司环境污染责任纠纷案"，山东省德州市
中级人民法院（2015）德中环公民初字第 1 号民事判决书；"中华环保联合会与宜兴市江
山生物制剂有限公司水污染责任纠纷环境公益诉讼案"，江苏省无锡市中级人民法院
（2014）锡环公民初字第 2 号民事判决书；"镇江市生态环境公益保护协会诉唐长海环境污
染侵权赔偿纠纷案"，江苏省镇江市中级人民法院（2015）镇民公初字第 00002 号民事判
决书；"中华环保联合会等诉贵阳市乌当区定扒造纸厂水污染侵权案"，贵州省清镇市人民
法院（2010）清环保民初字第 4 号民事判决书等。

① 参见最高人民法院环境资源审判庭编《环境资源审判指导》，人民法院出版社 2015 年版，
第 67 页。以昆明为例，昆明市政府采纳了昆明市中院与昆明市环保局的建议，颁布了《昆
明市环境公益诉讼救济专项资金管理暂行办法》，建立了独立的昆明市环境公益诉讼"救
济专项资金账户"，确定管理人，统一管理使用专项资金，通过市场运作的方式使用赔偿
款，修复生态环境。《昆明市环境公益诉讼救济专项资金管理暂行办法》规定，环境公益
诉讼救济专项资金是指市人民政府建立的对提起环境公益诉讼涉及的调查取证、鉴定评估、
诉讼费用、环境恢复和执行救济等合理费用进行救济的专项资金，规定了救济资金的来源。
专项救济资金的来源为：（1）财政拨款；（2）人民法院判决无特定受益人的环境损害赔偿
金；（3）侵害环境案件中的刑事被告人自愿捐赠的资金；（4）存款利息。《昆明市环境公
益诉讼救济专项资金管理暂行办法》在昆明市财政局建立了独立的昆明市环境公益诉讼
"专项资金账户"，接收法院审理环境公益诉讼案件的赔偿款，实行专款专用，并指定了昆
明市环境保护局为"专项资金账户"的管理人，统一管理使用专项资金。《昆明市环境公
益诉讼救济专项资金管理暂行办法》规定，专项救济资金的救济对象为：（1）提起环境公
益诉讼的单位、社会组织；（2）经人民法院判决赔偿修复治理费用的受到污染损害的环
境；（3）无财产可供执行的环境侵权案件的受害人。同时，《昆明市环境公益诉讼救济专项
资金管理暂行办法》还对救济资金的申请程序、审核使用、审计监督等问题做了规定。另
外，《昆明市环境公益诉讼救济专项资金管理暂行办法》还规定了申请救济资金的限额。
这种方式是否妥当，有观点表示仍存在疑义。因为通过司法判决收缴的资金归国库收入，
原则上应由国库统一管理并确定支付的范围。如果归入地方财政，可能会引发新的地方保
护主义。所以，在理论和实践中需要对这种方式的适用前提以及范围等问题做进一步探讨。
有的观点进一步认为，传统的"专项管理"的模式尽管有着一定的经验优势，但管理模式
单一，不利于应对日益复杂化、专业化的赔偿金管理需求。基于此，还有另一种方式，即
基金型管理方式。基金会方式管理赔偿金比传统的专项管理更有效率，因为通过科学合理
的组织架构能够在最大程度上利用好基金从事专项生态环境损害的修复。有别于专项管理
的封闭性，设立基金会是一种开放式管理，它能大大减少或避免传统行政命令式的强力干
预。通过设立科学的监督机制，可以化解这一模式可能产生的权力寻租现象。参见陈爱武、
姚震宇《环境公益诉讼若干问题研究——以生态环境损害赔偿制度为对象的分析》，《法律
适用》2019 年第 1 期。

另一种是由相关主管机关或者地方政府负责将责任人支付的款项用于修复生态环境。这种情况多为相关主管机关或地方政府作为原告提起的环境公益诉讼。在具体案件中，对于林木资源的损失，林业局作为国家授权管理林业工作的部门可以提起诉求。[①] 对于天然渔业资源的损失，渔业局、水产局等机构可以提起诉求。[②] 对于地质破坏所产生的环境保护与治理恢复的费用，国土资源局有权提起诉求。[③] 对于突发性污染事件，环保局是负有环境保护责任的政府职能部门，其支出的相关费用系因修复被污染环境的应急措施而产生，对该费用有权向造成环境污染的责任方要求支付。[④] 除了上述职能部门外，还有一些具有综合职能的主体也可以对生态环境损害修复提起诉讼，比如环境污染或生态破坏发生地的基层政府或组织，包括县（区）政府、街道办事处、村委会、村民小组等。[⑤] 在上述案件中，法院判决被告

[①] 比如"巴林左旗林业局与巴林左旗恒发矿业有限责任公司环境侵权责任纠纷案"，内蒙古自治区巴林左旗人民法院（2014）巴民初字第4182号民事判决书。

[②] 比如"利海有限公司与威海市海洋渔业局船舶油污污染赔偿纠纷上诉案"，山东省高级人民法院（2014）鲁民四终字第193号民事判决书、青岛海事法院（2012）青海法海事初字第169号民事判决书；"天津国际游乐港有限公司与天津市汉沽区水产局海上施工致渔业资源损失赔偿纠纷案"，天津市高级人民法院（2007）津高民四终字第124号民事判决书。

[③] 比如"云南省宜良县国土资源局诉某某环境污染责任纠纷案"，云南省昆明市中级人民法院（2012）昆环保民初字第6号民事判决书。

[④] 比如"江阴市环境保护局诉王文峰等水污染责任纠纷案"，江苏省江阴市人民法院（2013）澄环民初字第0003号民事判决；"昆明市环保局诉昆明三农农牧有限公司等水污染责任纠纷案"，云南省高级人民法院（2011）云高民一终字第41号民事判决书、昆明市中级人民法院（2010）昆环保民初字第1号民事判决书；"滁州市三友混凝土外加剂厂与凤阳县环境保护局等环境污染责任纠纷案"，安徽省滁州市中级人民法院（2015）滁民一终字第01047号民事判决；"环保吉利分局诉光彩运输公司、郭术桃环境污染责任纠纷案"，河南省洛阳市吉利区人民法院（2011）吉民初字第204号民事判决书；"陈文秀等诉彬县环境保护局等土壤、水污染责任纠纷案"，陕西省咸阳市中级人民法院（2013）咸中民终字第01394号民事判决书。

[⑤] 比如"维西傈僳族自治县永春乡龙宝厂中村村民小组与维西凯龙矿业责任有限公司环境污染责任纠纷案"，云南省迪庆藏族自治州中级人民法院（2015）迪民初字第8号民事判决书；"山西省河津市清涧镇任家庄村民委员会诉山西铝厂环境污染损害赔偿纠纷案"，山西省高级人民法院（2000）晋法民初字第6号民事判决；"南京市六合区人民政府龙袍街道办事处、南京市六合区龙袍街道孙赵社区村民委员会与六安市金城汽车运输有限责任公司等环境污染责任纠纷案"，江苏省南京市六合区人民法院（2014）六环民初字（转下页注）

向主管行政机关或者向地方财政局支付费用，再由主管行政机关或者
地方政府主导该费用用于生态环境的修复。

　　为确保修复的效果，实践中，相关管理部门通过招标等市场方式
委托第三方专业机构修复生态环境，法院委托具有相关资质的鉴定机
关对修复结果进行鉴定。有的法院认为在必要情况下，应邀请具有监
督管理职责的环境保护主管部门与实施修复的机构一同组织生态环境
的修复和鉴定。① 此外，有的地方法院邀请环保组织、公民个人对修
复过程及结果进行监督，形成了公众参与的监管机制，并与执行回
访、案件报告等相关制度结合，以保证生态环境修复判决的实际
执行。②

　　2020 年 3 月出台的《生态环境损害赔偿资金管理办法（试行）》
总结了实践中的一些经验，对生态环境损害赔偿金的管理做了明确和
细化。《关于推进生态环境损害赔偿制度改革若干具体问题的意见》
第 11 项对资金管理做了明确，即对生态环境损害无法修复的案件，
赔偿资金作为政府非税收入纳入一般公共预算管理，缴入同级国库。

（接上页注⑤）第 2 号民事判决；"厦门市海沧区人民政府诉厦门港务船务有限公司等船舶
污染损害责任纠纷案"，厦门海事法院（2013）厦海法事初字第 55 号民事判决书；"上海
市松江区叶榭镇人民政府诉蒋荣祥、董胜振等水污染责任纠纷案"，上海市松江区人民法
院（2012）松民一（民）初字第 4022 号民事判决书；"蓬莱市登州镇西庄村委会诉长岛县
海运公司海上采矿赔偿案"，山东省高级人民法院（1996）鲁经终字第 196 号民事判决书；
"佛山市南海区丹灶镇人民政府诉广东天乙集团有限公司、苏国华、郭永由、江剑锋环境
污染侵权案"，广东省佛山市南海区人民法院（2009）南民一初字第 2543 号民事判决书、
广东省佛山市中级人民法院（2010）佛中法民一终字第 587 号民事判决书。

①　比如"镇江市生态环境公益保护协会诉唐长海环境污染侵权赔偿纠纷案"，江苏省镇江市
中级人民法院（2015）镇民公初字第 00002 号民事判决书；"连云港市赣榆区环境保护协
会诉顾绍成环境污染损害赔偿公益诉讼案"，江苏省连云港市中级人民法院（2014）连环
公民初字第 00001 号民事判决书。

②　2011 年 10 月，好一多公司扎佐基地因超标排污，被中华环保联合会起诉至清镇市环保法
庭。为使该企业能在今后的生产中不再污染环境，清镇市环保法庭提出了引入第三方对其进
行监督的模式，由贵阳公众环境教育中心在结案后对好一多公司污水处理运行及今后可能导
致污染的问题进行监督，并由好一多公司支付相应监督费用。在第三方的监督推动下，好一
多公司污染治理整治工作进展顺利，出水水质已达到国家标准要求。参见李阳、金晶《清镇
环保法庭："第三方监督"确保案件执行力》，《人民法院报》2012 年 11 月 17 日第 4 版。

赔偿资金的管理，按照财政部联合相关部门印发的《生态环境损害赔偿资金管理办法（试行）》的规定执行。

生态环境修复费用高昂，会给判决的履行带来诸多困难。由此，一些法院在修复费用的履行方式上做了一定变更。比如在江苏"泰州污染"案中，一审法院判决污染企业承担 1. 6 亿元的"天价"环境修复费用。二审法院考虑了企业承受能力、修复期间、鼓励企业治理等因素，对履行方式做了改判，由一次性支付改为部分延期履行和有条件抵扣。一方面，在当事人提出申请且能提供有效担保的情况下，应支付款项的 40% 可延期一年支付。另一方面，在判决生效一年内，如果被告企业能够通过技术改造对副产酸进行循环利用，明显降低环境风险，且一年内没有因环境违法行为受到处罚，其已支付的技改费用，可以凭环保部门出具的企业环境守法情况证明、项目竣工保险验收意见和具有法定资质的中介机构出具的技改投入资金审计报告，向法院申请在延期支付的 40% 额度内抵扣。[①] 再比如，连云港中院在一宗环境侵权案件中考虑到责任人经济非常困难，在责任人经济能力不足的情况下，支持责任人通过提供有益于环境保护的劳务活动抵补其对环境造成的损害，并指出这符合"谁污染，谁治理，谁损害，谁赔偿"的环境立法宗旨，较单纯赔偿更有利于环境的修复与治理。[②] 这些判决对环境侵权责任的履行方式进行了创新性探索，具有一定的积极意义。但是，如果以法治思维与法治方法严格地审视，这种创新不无司法"任性"之忧。因此，法官在履行方式的确定上还应在积极效果和法理依据之间妥当衡量。[③]

[①]　参见"泰州环保联合会与六家公司环境污染责任纠纷案"，最高人民法院（2015）民申字第 1366 号民事裁定书、江苏省高级人民法院（2014）苏环公民终字第 00001 号民事判决书。

[②]　参见"连云港市赣榆区环境保护协会诉顾绍成环境污染损害赔偿公益诉讼案"，江苏省连云港市中级人民法院（2014）连环公民初字第 00001 号民事判决书。

[③]　参见吕忠梅《环境司法理性不能止于"天价"赔偿：泰州环境公益诉讼案评析》，《中国法学》2016 年第 3 期。

5. 防止损害的发生和扩大所支出的合理费用

在针对防止污染物扩散迁移、降低环境中污染物浓度等方面，为减轻或消除对公众健康、公私财产和生态环境造成的危害，各级政府与相关单位针对可能或已经发生的突发环境事件而采取的行动和措施所发生的费用，以及开展环境监测、信息公开、现场调查、执行监督等相关工作所支出的费用，应当遵循合理性标准，需要法官根据个案的情况进行具体核算，而没有统一的参照数据，也不能机械地照搬先例。比如在"天乙公司与丹灶镇政府环境侵权案"中，天乙公司主张丹灶镇政府为治污支出的费用已超过了必要、合理的限度。在治理"4·21"污染事故中投入的物力、人力比处理同类的"4·4"事故多出的费用甚巨。法院针对污染事件的具体情况逐一分析了相关费用的支出用途，考察其是否必要、合理；同时对"4·4"事故与"4·21"事故在地段、河流水速、天气情况、附近环境等诸多方面做了细致比较，指出丹灶镇政府所采用的措施得当，相关费用没有超出必要性、合理性标准。① 在有的情况下，合理的费用可能高于虚拟治理标准确定的费用。如果符合个案事故的处理需求，且得到专业技术人员的肯定，那么法院通常也会认定这类超出虚拟治理标准的费用为合理费用并予以支持。②

---

① 参见"佛山市南海区丹灶镇人民政府诉广东天乙集团有限公司、苏国华、郭永由、江剑锋环境污染侵权案"，广东省佛山市南海区人民法院（2009）南民一初字第2543号民事判决书、广东省佛山市中级人民法院（2010）佛中法民一终字第587号民事判决书。在该案审理中，法院将"4·21"污染事故与其类似的"4·4"污染事故做了对比。尽管两起事件都属于倾倒污染物到河流中，但是在诸多方面存在差异。首先，污染事故发生的地段不同，"4·21"接近大洲河下游居民饮用水取水点，河流水速更快，需要采取更强有效的应急抢险措施。其次，污染事故发生后采取的应急抢险措施不同。"4·21"事故发生后，即将有暴雨，为防止受污染河涌漫顶，动用大量人力物力在24小时内建储水池，因此产生比"4.4"事故更多的费用。最后，受影响范围不同。"4.4"事故发生河段附近主要为工业区和农作物种植区，而"4·21"事故河段附近则为大量居民居住点和主要为鱼塘的耕作区，后者理应采取更有效迅速的抢险措施。故法院认定镇政府所主张的"4.21"事故损失数额是合理的。

② 参见"苏州市吴江区震泽镇人民政府诉上海沪光汽车运输有限公司环境污染责任纠纷案"，江苏省苏州市吴江区人民法院（2013）吴江民初字第1809号民事判决书。

六　关于生态环境损害诉讼的相关问题

（一）诉讼主体的确定

《民法典》第 1234 条、第 1235 条规定，对生态环境损害救济的诉求主体是国家规定的机关或者法律规定的组织，只有它们才能向侵权人提出请求承担修复责任或者赔偿责任，自然人个人则无法通过这两条主张生态环境损害的救济。①

《民法典》将生态环境损害救济的诉讼权利主体确定为上述两类，

---

①　当然，自然人个人可以依据《民法典》第 1229 条，在主张人身、财产损害救济的同时对与自己人身、财产相关的受损环境进行恢复原状。但是从司法实践来看，自然人个人的恢复原状诉求往往多有波折，比如"蒋某诉温州市华宇电源制造有限公司环境污染侵权纠纷案"。该案历经六次审理，分别参见：（2009）温乐民初字第 69 号民事判决书；（2010）浙温民终字第 953 号民事判决；（2011）温乐民初字第 268 号民事判决；（2011）浙温民终字第 1104 号民事判决；（2011）浙民申字第 1336 号民事裁定；（2012）浙温民再字第 37 号民事判决；（2011）浙温民终字第 1104 号民事判决。该案的基本情况是：华宇公司主要生产汽车铅酸电池，造成周边农田、水沟、周边河道、公司车间等地点铅含量超标，部分水域、农田铅含量严重超标，农产品铅、镉含量超标。2007 年间，蒋某等村民以承包经营的 1.3 亩土地受到污染为由，要求华宇公司赔偿未果。2008 年 12 月向乐清市人民法院提起诉讼，请求判令支付土地污染赔偿款，后变更诉讼请求为：请求判令将承包土地恢复原状。2010 年 2 月 8 日，该院以"恢复原状的可行性以及恢复成本、方式缺乏科学评估"为由，判决驳回蒋某的诉讼请求。蒋某提起上诉，温州市中级人民法院于 2010 年 8 月 12 日判决驳回上诉。蒋某恢复原状请求被驳回后重新提起诉讼，转而请求华宇公司赔偿损失。该案经历六次审理，最终以华宇公司赔偿蒋某 18024 元损失而结束。法院未支持原告恢复原状诉求的重要理由之一是恢复原状不具"可行性"，此处可行性主要是指技术上的可行性，即恢复原状为"不可能"。法院认为，恢复土壤原状比较特殊，应考虑恢复的可行性以及恢复的方式、时间、成本等因素，具有较强的科学性，应当有科学依据予以支持。否则，法院难以支持恢复土壤原状的诉讼请求。鉴于当事人原审时未就恢复土壤原状的可行性以及恢复的方式等申请委托评估，故凭原审证据，原判驳回恢复土壤原状的诉讼请求的判决结果，并无明显不当，本院予以维持。随后，部分受害人又以财产损害为案由提起诉讼，经温州市中级人民法院二审、再审，认为在环境污染侵权中，受害人有权选择侵权责任法规定的一种或多种民事责任承担方式主张权利，该情形不同于民事诉讼中的请求权竞合。同时，法院是以恢复原状的可行性以及恢复成本、方式缺乏科学评估为由判决予以驳回，受害人在没有明确表示放弃损害赔偿的情况下，选择其他民事责任承担方式另行起诉，并不违反民事诉讼"一事不再理"原则，故维持原审中华宇公司需承担损害赔偿的判决。

是在社会需要的基础上逐步扩展而得出的。2012 年修订的《民事诉讼法》第 55 条规定："对污染环境、侵害众多消费者合法权益等损害社会公共利益的行为，法律规定的机关和有关组织可以向人民法院提起诉讼。"由此，对社会公共利益损害可以由法律规定的机关和有关组织提出诉求。但是，这里的"法律规定"的主体实际上是模糊的。① 虽然全国人大常委会法工委民法室对该条的解读认为，可以提起公益诉讼的机关要有明确的法律依据，但对"明确的法律依据"也没有列明和做出解释。② 《民事诉讼法》关于公益诉讼的这一条文规定，实际上是将提起公益诉讼主体的确定指向了其他法律。如果没有其他法律进一步对何种机关和有关组织有权提起环境公益诉讼做出具体规定，那么《民事诉讼法》第 55 条就无实质意义。

在当时的法律体系中，只有《海洋环境保护法》第 90 条第 2 款规定"对破坏海洋生态、海洋水产资源、海洋保护区，给国家造成重大损失的，由依照本法规定行使海洋环境监督管理权的部门代表国家对责任者提出损害赔偿要求"。也就是说，根据《民事诉讼法》第 55 条的规定，可提起环境公益诉讼的"法律规定的机关"仅有"行使海洋环境监督管理权的部门"，且只能"对破坏海洋生态、海洋水产资源、海洋保护区"的人提起损害赔偿之诉。③

经过不断的实践探索，2015 年《生态环境损害赔偿制度改革试

---

① 参见齐树洁《我国公益诉讼主体之界定》，《河南财经政法大学学报》2013 年第 1 期。

② 参见全国人大常委会法制工作委员会民法室编著《中华人民共和国民事诉讼法解读》，中国法制出版社 2012 年版，第 132 页。

③ 就这类诉讼的性质而言，2012 年 4 月 24 日全国人民代表大会法律委员会《关于〈中华人民共和国民事诉讼法修正案（草案）修改情况的汇报〉》对公益诉讼制度问题所做的说明指出，"目前，有的环境保护领域的法律已规定了提出这类诉讼的机关。比如，《海洋环境保护法》规定，海洋环境监督管理部门代表国家对破坏海洋环境给国家造成重大损失的责任者提出损害赔偿要求"。由此可见，立法机关系将该类诉讼明确为《民事诉讼法》第 55 条第 1 款"法律规定的机关"提起的民事公益诉讼的范畴。《最高人民法院关于审理海洋自然资源与生态环境损害赔偿纠纷案件若干问题的规定》在性质上也将海洋环境监督管理机关提起的海洋生态环境损害赔偿诉讼明确为民事公益诉讼。

点方案》以及 2017 年《生态环境损害赔偿制度改革方案》对可以提起生态环境损害诉讼的国家机关做了进一步扩展。在此基础上，2019 年《最高人民法院关于审理生态环境损害赔偿案件的若干规定（试行）》对诉讼的相关主体做了明确。

2014 年新修订的《环境保护法》第 58 条规定对"组织"做了进一步明确，即"对污染环境、破坏生态、损害社会公共利益的行为，符合下列条件的社会组织可以向人民法院提起诉讼：（一）依法在设区的市级以上人民政府民政部门登记；（二）专门从事环境保护公益活动连续五年以上且无违法记录。符合前款规定的社会组织向人民法院提起诉讼，人民法院应当依法受理"。2015 年出台的《最高人民法院关于审理环境民事公益诉讼案件适用法律若干问题的解释》，对《环境保护法》第 58 条做出了进一步的解释，不仅将环境公益诉讼的范围扩大到"对已经损害社会公共利益或者具有损害社会公共利益重大风险的污染环境、破坏生态的行为"，还将提起环境公益诉讼的社会组织明确解释为"在设区的市级以上人民政府民政部门登记的社会团体、民办非企业单位以及基金会"。其考虑的出发点在于政府行使行政权时有其自身的缺陷，对于环境保护而言存在较大漏洞，社会组织基于其专业性、社会性，可以在一定领域填补行政权力的不足，因此需要允许社会组织为了环境公益作为诉讼权利主体。

另就检察院而言，有观点认为，检察机关并不是提起环境公益诉讼的最佳主体，对于侵害公众或国家环境资源权益的行为，环境保护机关应当以公众受托人或国家环境资源所有权代表人的身份提起公益诉讼。① 而有的观点则认为检察院作为公共利益的维护者，应当作为环境公益诉讼的权利主体。② 2014 年《中共中央关于全面推进依法治

---

① 参见吕忠梅《环境公益诉讼辨析》，《法商研究》2008 年第 6 期。
② 参见李艳芳、吴凯杰《论检察机关在环境公益诉讼中的角色与定位——兼评最高人民检察院〈检察机关提起公益诉讼改革试点方案〉》，《中国人民大学学报》2016 年第 2 期。

国若干重大问题的决定》提出探索建立检察机关提起公益诉讼制度。最高人民检察院在此基础上先后出台的一系列关于公益诉讼的文件，包括《检察机关提起公益诉讼改革试点方案》《人民检察院提起公益诉讼试点工作实施办法》《关于检察公益诉讼案件适用法律若干问题的解释》等解释文件，为检察机关参与生态环境公益诉讼做了具体规定。

在上述发展的基础上，2017 年新修订的《民事诉讼法》第 55 条对公益诉讼的主体做了总体性规定，即"对污染环境、侵害众多消费者合法权益等损害社会公共利益的行为，法律规定的机关和有关组织可以向人民法院提起诉讼。人民检察院在履行职责中发现破坏生态环境和资源保护、食品药品安全领域侵害众多消费者合法权益等损害社会公共利益的行为，在没有前款规定的机关和组织或者前款规定的机关和组织不提起诉讼的情况下，可以向人民法院提起诉讼。前款规定的机关或者组织提起诉讼的，人民检察院可以支持起诉"。

由此，《民法典》第 1234 条和第 1235 条所规定的"国家规定的机关"，其范围较之《民事诉讼法》的"法律规定"更为广泛，不仅包括各部门法律，还包括两高的司法解释以及党和政府的决定、方案等规定。不属于法律范畴的《生态环境损害赔偿制度改革方案》所确定的国家机关也被纳入诉讼权利主体，即国务院授权省级、地市级政府作为本行政区域内生态环境损害赔偿权利人。省域内跨地市的生态环境损害，由省级政府管辖；其他工作范围划分由省级政府根据本地区实际情况确定。省级、地市级政府可指定相关部门或机构负责生态环境损害赔偿具体工作。省级、地市级政府及其指定的部门或机构均有权提起诉讼。跨省域的生态环境损害，由生态环境损害地的相关省级政府协商开展生态环境损害赔偿工作。这使得行政机关从公权力主体转换成公益维护主体，借助民事手段实现生态损害的救济。另外，特别的主体是"行使海洋环境监督管理权的部门"，代表国家"对破坏海洋生态、海洋水产资源、海洋保护区"的人提起诉讼。检察机关也属于《民法典》这两条的"国家规定的机关"。

就这两条中"法律规定的组织"而言，其只能限于"法律"的明确规定。这可以参照《环境保护法》第58条规定的符合条件的社会组织，依法在设区的市级以上人民政府民政部门登记；专门从事环境保护公益活动连续五年以上且无违法记录。具体而言，根据《最高人民法院关于审理环境民事公益诉讼案件适用法律若干问题的解释》，在设区的市级以上人民政府民政部门登记的社会团体、民办非企业单位以及基金会等，可以认定为上述社会组织。设区的市，自治州、盟、地区，不设区的地级市，直辖市的区以上人民政府民政部门，可以认定为"设区的市级以上人民政府民政部门"。社会组织章程确定的宗旨和主要业务范围是维护社会公共利益，且从事环境保护公益活动的，可以认定为"专门从事环境保护公益活动"。社会组织提起的诉讼所涉及的社会公共利益，应与其宗旨和业务范围具有关联性。社会组织在提起诉讼前五年内未因从事业务活动违反法律、法规的规定受过行政、刑事处罚的，可以认定为"无违法记录"。

（二）诉讼类别的区分

同一环境侵权事件不仅会导致生态环境本身的损害，也会使得生活于其中的人的人身、财产遭受损害。由此，针对生态环境损害救济的诉讼，会涉及不同的类别，既可能有个人的民事侵权之诉，也会有环境公益之诉，在环境公益之诉中更有在不断发展过程中形成的不同主体的诉讼。因此，需要对相关的诉讼类别做出区分。

1. 涉及环境侵权的各类公益诉讼之间的关系

从上述对相关主体的梳理来看，涉及生态环境损害救济的诉讼可以包括：省级、地市级人民政府及其指定的部门或机构，或者由受国务院委托行使全民所有自然资源资产所有权的部门提起的生态环境损害赔偿诉讼；行使海洋环境监督管理权的部门代表国家对责任者提出的海洋生态环境损害赔偿诉讼；检察院提起的环境民事公益诉讼；社会组织提起的环境民事公益诉讼。

在这几类主体提起的诉讼中，海洋生态环境损害赔偿诉讼有其明确的适用范围，通常不会发生与其他环境民事公益诉讼相冲突的问题。检察院提起的环境民事公益诉讼则有履职顺位的限制，即检察院在履行职责过程中发现破坏生态环境和资源保护领域损害社会公共利益的行为，在相关机关和组织不提起诉讼的情况下，才可以向法院提起诉讼。另外，检察院在履行职责过程中发现破坏生态环境和资源保护损害社会公共利益的行为，拟提起公益诉讼的，应当依法公告，公告期间为 30 日。公告期满，相关机关和组织不提起诉讼的，检察院才可以向法院提起诉讼。由此可见，检察机关处于提起环境民事公益诉讼的后序顺位，一般情况下也不会出现检察民事公益诉讼与其他环境民事公益诉讼的冲突与协调问题。

而省级、地市级人民政府及其指定的部门或机构，或者由受国务院委托行使全民所有自然资源资产所有权的部门提起的生态环境损害赔偿诉讼，与社会组织提起的环境民事公益诉讼之间，可能会存在衔接与协调的问题。在《生态环境损害赔偿制度改革方案》的基础上，《最高人民法院关于审理生态环境损害赔偿案件的若干规定（试行）》专门对生态环境损害赔偿诉讼所面临的各种实践问题做出了规定。①该司法解释特别规定了生态环境损害赔偿诉讼的具体情形以及特殊的

① 根据 2015 年《生态环境损害赔偿制度改革试点方案》的规定，吉林、江苏、山东、湖南、重庆、贵州、云南等7个省市先行开展了近2年的试点工作。最高人民法院于 2016 年发布《关于充分发挥审判职能作用 为推进生态文明建设与绿色发展提供司法服务和保障的意见》，提出要积极探索省级政府提起生态环境损害赔偿诉讼案件的审理规则。改革试点和全面试行期间，各级人民法院在现有法律框架范围内，积极开展实践探索，认真总结审判经验，山东、贵州、云南、江苏等9省市先后出台审理生态环境损害赔偿案件的实操性规范文件，为健全完善生态环境损害赔偿审判规则积累了有益经验，很多好的经验做法已经被《最高人民法院关于审理生态环境损害赔偿案件的若干规定（试行）》所采纳。（转下页注）

审理程序和证据规则。尽管如此,生态环境损害赔偿诉讼与其他环境民事公益诉讼在很多方面具有高度的同质性,与生态环境损害赔偿诉讼本质不相冲突的相关民事实体法和程序法都可予以适用。《民法典》中关于环境侵权的归责原则、因果关系的特殊规则等都可以适用于生态环境损害赔偿诉讼。《最高人民法院关于审理生态环境损害赔偿案件的若干规定(试行)》第22条也明确,"人民法院审理生态环境损害赔偿案件,本规定没有规定的,参照适用《最高人民法院关于审理环境民事公益诉讼案件适用法律若干问题的解释》、《最高人民法院关于审理环境侵权责任纠纷案件适用法律若干问题的解释》等相关司法解释的规定"。① 在两者功能、规则类同的前提下,当生态环境损害赔偿诉讼与社会组织提起环境民事公益诉讼存在冲突时,就需要进行协调。《最高人民法院关于审理生态环境损害赔偿案件的若干规定(试行)》明确了以下规则。一是第16条确定的"在生态环境损害赔偿诉讼案件审理过程中,同一损害生态环境行为又被提起民事公益诉讼,符合起诉条件的,应当由受理生态环境损害赔偿诉讼案件的人民

(接上页注①) 与此同时,对于各地进行的探索实践,《最高人民法院关于审理生态环境损害赔偿案件的若干规定(试行)》亦体现了支持态度。比如生态环境损害赔偿适用范围,《最高人民法院关于审理生态环境损害赔偿案件的若干规定(试行)》明确了可以提起生态环境损害赔偿诉讼的3种具体情形,除发生较大、重大、特别重大突发环境事件的情形,以及在国家和省级主体功能区规划中划定的重点生态功能区、禁止开发区发生环境污染、生态破坏事件的情形以外,还明确包括"发生其他严重影响生态环境后果的情形",该情形即包含各地在实施方案中确定的相关具体情形。比如,《江西省生态环境损害赔偿制度改革实施方案》将"被依法追究刑事责任的生态环境资源类案件中,存在生态环境损害的"的情形纳入了适用范围;《内蒙古自治区生态环境损害赔偿制度改革实施方案》则规定,"因非法排放、倾倒、处置有放射性的废物、含传染病病原体的废物、有毒物质,造成生态环境损害的;在自然保护区核心区、森林公园、地质公园、湿地公园、风景名胜区、世界文化与自然遗产保护区等禁止开发区发生环境污染、生态破坏事件的"情形,可以启动生态环境损害赔偿。此类情形下,相关赔偿权利人都可以提起生态环境损害赔偿诉讼。参见王旭光《论生态环境损害赔偿诉讼的若干基本关系》,《法律适用》2019年第21期。

① 由此,实务界的观点认为,广义上的环境民事公益诉讼,既包括狭义的由立法明确规定的环境民事公益诉讼,也包括目前正在试行将来有待立法规定的生态环境损害赔偿诉讼。参见王旭光《论生态环境损害赔偿诉讼的若干基本关系》,《法律适用》2019年第21期。

法院受理并由同一审判组织审理"。① 二是第 17 条确定的"人民法院
受理因同一损害生态环境行为提起的生态环境损害赔偿诉讼案件和民
事公益诉讼案件,应先中止民事公益诉讼案件的审理,待生态环境损
害赔偿诉讼案件审理完毕后,就民事公益诉讼案件未被涵盖的诉讼请
求依法作出裁判"。② 三是第 18 条确定的"生态环境损害赔偿诉讼案
件的裁判生效后,有权提起民事公益诉讼的机关或者社会组织就同一
损害生态环境行为有证据证明存在前案审理时未发现的损害,并提起
民事公益诉讼的,人民法院应予受理。民事公益诉讼案件的裁判生效
后,有权提起生态环境损害赔偿诉讼的主体就同一损害生态环境行为
有证据证明存在前案审理时未发现的损害,并提起生态环境损害赔偿
诉讼的,人民法院应予受理"。

2. 私益之诉与公益之诉

同一污染环境、破坏生态行为可能在造成生态环境损害的同时,
引起人身、财产的损害,这就涉及个人的私益之诉与环境的公益之诉
的关系协调问题。因污染环境、破坏生态造成他人损害,与造成生态
环境损害在诉讼上并不冲突,也并非竞合处理,而是依据各自的规则
可以分别提起公益诉讼和私益诉讼。③《最高人民法院关于审理环境
民事公益诉讼案件适用法律若干问题的解释》第 29 条规定,法律规
定的机关和社会组织提起环境民事公益诉讼的,不影响因同一污染环
境、破坏生态行为受到人身、财产损害的公民、法人和其他组织依据
《民事诉讼法》第 119 条的规定提起诉讼。《最高人民法院关于适用
〈中华人民共和国民事诉讼法〉 的解释》第 288 条也有相关的规定,

---

① 比如"江苏省人民政府和江苏省环保联合会诉德司达(南京)染料有限公司案",江苏省
南京市中级人民法院(2016)苏 01 民初 1203 号民事判决书。
② 比如山东省泰安市中级人民法院(2017)鲁 09 民初 210 号民事判决书。
③ 参见最高人民法院环境资源审判庭编《环境资源审判指导》,人民法院出版社 2015 年版,
第 63 页。

即"人民法院受理公益诉讼案件,不影响同一侵权行为的受害人根据民事诉讼法第 119 条规定提起诉讼"。由此可见,在这种情况下,虽然诉讼对象以及诉讼事实一致,但环境的公益之诉与被侵权人的私益之诉在规范目的及其功能等方面有着实质区别。因此,为了实现保护私益和维护公益的统一,应当允许不同的主体分别提起公益诉讼和私益诉讼。① 就生态环境损害赔偿诉讼而言,《最高人民法院关于审理生态环境损害赔偿案件的若干规定(试行)》第 2 条第 2 项规定,"因污染环境、破坏生态造成人身损害、个人和集体财产损失要求赔偿的,适用《侵权责任法》等法律规定"。实践中对生态环境损害赔偿诉讼与同一污染环境、破坏生态行为引发的人身财产损害赔偿之私益诉讼的协调,应遵循上述相关规定。

尽管存在性质差别,但是毕竟属于同一环境侵权事件,那么诉讼请求、事实认定、证据证明等方面具有共通性。为此,《最高人民法院关于审理环境民事公益诉讼案件适用法律若干问题的解释》第 30 条规定:"已为环境民事公益诉讼生效裁判认定的事实,因同一污染环境、破坏生态行为依据民事诉讼法第一百一十九条规定提起诉讼的

---

① 不过,对此类案件的处理也并非必须以分别提起公益诉讼和私益诉讼的方式。从目前的司法实践来看,这类案件有的是以公益诉讼的方式解决。在这种方式下,私益的保护是由公共部门先予补救,然后再向被告请求费用赔偿。有的情况可能会仅以私益诉讼的方式出现。比如原告为多人的诉讼,这其实已经涉及环境公益,但是由于诉讼当时没有相关制度,则没有主张对环境公益损害的弥补。除此之外,在实践中也有私益权利人代表与公益组织一起参与诉讼的情况。比如在作业过程中产生的铁矿石粉尘侵入周边居民住宅,后来以冲洗的方式处理散落在港区路面和港口外道路上的红色粉尘,形成的污水直接排入周边河道和长江水域,并在河道中积淀,造成了周边环境大气污染、水污染,严重影响了周边地区空气质量、长江水质和附近居民的生活环境。朱某作为周边居民代表与中华环保联合会共同提起诉讼,请求判令集装箱公司停止侵害,使港口周围的大气环境符合环境标准,排除妨碍;对铁矿粉冲洗进行处理,消除对饮用水源地和取水口产生的危险;将港口附近的下水道恢复原状,铁矿粉泥做无害化处理。本案兼具私益诉讼和公益诉讼的特点。朱某是居民代表,同时又是环境污染的直接受害者,其与中华环保联合会共同作为原告起诉后,无锡中级人民法院依法予以受理,对环境公益诉讼的原告主体资格问题进行了有益的探索和实践。参见最高人民法院环境资源审判庭编《环境资源审判指导》,人民法院出版社 2015 年版,第 112 - 113 页。

原告、被告均无需举证证明，但原告对该事实有异议并有相反证据足以推翻的除外。对于环境民事公益诉讼生效裁判就被告是否存在法律规定的不承担责任或者减轻责任的情形、行为与损害之间是否存在因果关系、被告承担责任的大小等所作的认定，因同一污染环境、破坏生态行为依据民事诉讼法第一百一十九条规定提起诉讼的原告主张适用的，人民法院应予支持，但被告有相反证据足以推翻的除外。被告主张直接适用对其有利的认定的，人民法院不予支持，被告仍应举证证明。"该条明确了环境民事公益诉讼生效裁判认定的事实对于私益诉讼具有免证效力，也同时明确了私益诉讼原告享有"搭便车"的权利。

3. 磋商与诉讼的关系

依照《生态环境损害赔偿制度改革方案》和《最高人民法院关于审理生态环境损害赔偿案件的若干规定（试行）》，在生态环境损害赔偿诉讼中，开展磋商是主张生态环境损害赔偿的首位方式，是提起诉讼的前置程序，同时磋商阶段的工作亦构成诉讼阶段的工作基础。生态环境损害发生后，经组织开展调查发现生态环境损害需要修复或赔偿的，赔偿权利人根据生态环境损害鉴定评估报告，就损害事实和程度、修复启动时间和期限、赔偿的责任承担方式和期限等具体问题与赔偿义务人进行磋商，统筹考虑修复方案技术可行性、成本效益最优化、赔偿义务人赔偿能力、第三方治理可行性等情况，达成赔偿协议。为了避免磋商时间的拖延导致生态环境修复难以落实，《关于推进生态环境损害赔偿制度改革若干具体问题的意见》第六项规定，磋商期限原则上不超过 90 日，自赔偿权利人及其指定的部门或机构向义务人送达生态环境损害赔偿磋商书面通知之日起算。磋商会议原则上不超过 3 次。

2015 年《生态环境损害赔偿制度改革试点方案》采取的是磋商相对前置主义，其规定"磋商未达成一致的，赔偿权利人应当及时提起生态环境损害赔偿民事诉讼。赔偿权利人也可以直接提起诉讼"。而2017年《生态环境损害赔偿制度改革方案》则采取的是磋商绝对前置主义，其规定"磋商未达成一致的，赔偿权利人及其指定的部门或机构应当及时提起生态环境损害赔偿民事诉讼"，取消了"赔偿权利人也可以直接提起诉讼"的内容。《最高人民法院关于审理生态环境损害赔偿案件的若干规定（试行）》第1条也明确将磋商确定为提起诉讼的前置程序，规定赔偿权利人在与赔偿义务人"经磋商未达成一致或者无法进行磋商的"的情况下，[1] 可以提起生态环境损害赔偿诉讼。将磋商设定为提起生态环境损害赔偿诉讼的前置程序，出发点在于赔偿权利人拥有行政管理的权力和职责，可以通过行政执法手段来实现责令和指导环境侵权者承担生态环境损害预防和修复义务的目标。这可以尽可能避免索赔工作因鉴定技术规范的缺失和冲突、鉴定费用不合理、鉴定周期长而陷入久拖不决的泥沼，同时为生态环境损害赔偿诉讼积累有效的证据材料。[2]

为了充分发挥磋商效能，《生态环境损害赔偿制度改革方案》提出了探索磋商协议司法确认制度的要求："对经磋商达成的赔偿协议，可以依照民事诉讼法向人民法院申请司法确认。经司法确认的赔偿协议，赔偿义务人不履行或不完全履行的，赔偿权利人及其指定的部门或机构可向人民法院申请强制执行。"《最高人民法院关于审理生态环境损害赔偿案件的若干规定（试行）》第20条及时回应审判实践需要，规定了磋商协议司法确认的基本程序规则。一是明确磋商协议司法确认的公告制度。人民法院受理司法确认申请后，应当公告协议内

---

① 《关于推进生态环境损害赔偿制度改革若干具体问题的意见》对磋商不成做了明确：（一）赔偿义务人明确表示拒绝磋商或未在磋商函件规定时间内提交答复意见的；（二）赔偿义务人无故不参与磋商会议或退出磋商会议的；（三）已召开磋商会议3次，赔偿权利人及其指定的部门或机构认为磋商难以达成一致的；（四）超过磋商期限，仍未达成赔偿协议的；（五）赔偿权利人及其指定的部门或机构认为磋商不成的其他情形。
② 参见王旭光《论生态环境损害赔偿诉讼的若干基本关系》，《法律适用》2019年第21期。

容，公告期间不少于 30 日。二是明确了法院的审查义务。法院在受理磋商协议司法确认案件且公告期满后，依法就协议的内容是否违反法律法规强制性规定，是否损害国家利益、社会公共利益进行司法审查并做出裁定。三是规范裁定书的体例和制作要求。为加强生态环境案件的公众参与，监督磋商协议的落实情况，要求确认磋商协议效力的裁定书应当写明案件的基本事实和协议内容，并向社会公开。四是明确人民法院通过司法确认赋予磋商协议以强制执行的效力。拒绝履行、未全部履行经司法确认的磋商协议的，当事人可以向人民法院申请强制执行，以保障磋商协议的有效履行和生态环境修复工作的切实开展。①

---

① 从实践效果来看，赔偿磋商制度也暴露出不足，比如在磋商程序的时间与次数限制，磋商不启动或终止的法律条件，磋商发起和磋商过程的法律监督，赔偿权利人的权利处分等方面，尚缺乏明确的法律适用规则。在有些地方的实践中对上述问题做了探索回应，比如《湖南省生态环境损害赔偿磋商管理办法（试行）》《贵州省生态环境损害赔偿磋商办法（试行）》《晋江市生态环境损害赔偿磋商管理规定（试行）》《江苏省生态环境损害赔偿信息公开办法（试行）》等。对此，可以做出总结以及进一步发展。参见李兴宇《生态环境损害赔偿磋商的性质辨识与制度塑造》，《中国地质大学学报》（社会科学版）2019 年第 4 期。

第四章　环境侵权的特殊举证规则

一　环境污染与生态破坏责任举证规则的法律规定

《民法典》第1230条规定："因污染环境、破坏生态发生纠纷，行为人应当就法律规定的不承担责任或者减轻责任的情形及其行为与损害之间不存在因果关系承担举证责任。"

该条直接来源于《侵权责任法》第66条的规定。此前的《民法通则》并未涉及因果关系以及相关举证责任的规定。1992年出台的《最高人民法院关于贯彻执行〈民事诉讼法〉若干问题的意见》第74条针对"因环境污染引起的损害赔偿诉讼"，规定"原告提出的侵权事实，被告否认的，由被告负举证责任"，这仍属于"谁主张、谁举证"的衍生。2001年出台的《最高人民法院关于民事诉讼证据的若干规定》对环境侵权举证责任分配做了进一步明确，在第4条第5项中规定："因环境污染引起的损害赔偿诉讼，由侵权人就法律规定的免责事由及其行为与损害结果之间不存在因果关系承担举证责任。"2004年修订的《固体废物污染环境防治法》、2008年修订的《水污染防治法》均做了相同的规定。[①]《侵权责任法》第66条在此基础上

[①] 2004年《固体废物污染环境防治法》第86条，因固体废物污染环境引起的损害赔偿诉讼，由加害人就法律规定的免责事由及其行为与损害结果之间不存在因果关系承担举证责任。2008年《水污染防治法》第87条，因水污染引起的损害赔偿诉讼，由排污方就法律规定的免责事由及其行为与损害结果之间不存在因果关系承担举证责任。

做了重申。此后，最高人民法院的诸多司法解释中有更为具体的举证规则。比如《最高人民法院关于审理环境民事公益诉讼案件适用法律若干问题的解释》，《最高人民法院关于审理环境侵权责任纠纷案件适用法律若干问题的解释》第 6 条、第 7 条，《最高人民法院关于审理生态环境损害赔偿案件的若干规定（试行）》第 6 条等。①

在《民法典》编纂中，从《侵权责任编草案（民法室室内稿）》开始即沿用《侵权责任法》第 66 条的规定，除了个别表述修正之外，《民法典》第 1230 条的主要内容并未变化。

《民法典》第 1230 条是对环境污染与生态破坏责任中因果关系、减免情形的举证责任的专门规定。在传统的侵权事件中，行为人行为与被侵权人损害之间的因果关系具体、直接，通常可以对此做出直观的认知。由此，按照一般的举证规则，被侵权人应当就其主张的损害救济事项中因果关系等问题承担举证责任。而在很多环境侵权事件中，致害过程非常复杂，致害行为对环境要素产生的消极影响经过扩散、转化等环节才发生作用。有的污染或破坏所涉地域广泛，致害源头与损害结果之间的空间距离遥远；有的损害结果不是在致害行为之后即时产生，而是经过日积月累而产生的。总之，这类侵权具有长期性、潜伏性、交互性、广泛性以及多因性等特点。环境侵权因果关系等事项的判断涉及各种专业知识，有时连当前的科学技术都无法认定。如果坚守传统的证明责任，在无法证明因果关系等事项的情况下，被侵权人就要承担无法举证的后果。② 对于被侵权人而言，环境侵权损害救济制度就形同虚设。因此，该条通过对举证责任一般规则的调整，做出有利于被侵权人一方的倾斜，减轻被侵权人的举证负

---

① 在《最高人民法院关于民事诉讼证据的若干规定》中，原来第 4 条也做了与本条内容相同的规定。在 2019 年该解释修订后删除。

② 参见全国人大常委会法制工作委员会民法室编著《中华人民共和国侵权责任法解读》，中国法制出版社 2010 年版，第 334 - 335 页。

担，由行为人就因果关系不存在以及责任减免等事项承担举证责任。这样既可以起到救济被侵权人的作用，也可以产生督促行为人预防损害的效果。

二 环境侵权因果关系等待证事项的特殊性

较之其他侵权类型，环境侵权的诸多特点导致因果关系等事项存在证明上的困难。对于突发型环境事件而言，因果关系等事项较为简明。但是，实践中出现更多的则是累积型环境事件，其因果关系等事项则非常复杂。废气、废渣、废水等有毒有害物质产生污染后果，造成空气、土壤、水等环境要素的损害以及对整个生态环境系统的损害，甚至造成人体健康损害。这个侵害过程并非单一直线式的，不能简单笼统地与其他普通侵权事件一样概括为"侵害行为导致损害后果"，通常呈现出多源头排放、多介质污染、多途径暴露等复杂样态，需要进一步考虑其动态的、整体性系统。以对于人体健康的危害为例，如前所述，除了人体暴露于受污染的环境中可能导致健康损害之外，遗传疾病、不健康的生活方式等因素都会危害健康，很难确定个体的健康损害后果究竟是何种因素所致。即便能够确定损害是由环境污染所致，但是由于环境污染会通过水、空气、土壤等环境要素进行迁移转化，很难明确究竟是哪一环节造成了损害后果。另外，累积性环境侵害事件往往具有长期性和潜伏性等特征，损害后果往往多年后才能显现，不仅损害后果已难逆转，对于因果关系的认定更是难上加难。由于人类认知的局限性以及科技发展的阶段性，许多化学物质的毒性效应仍然缺乏科学上的定论，在很大程度上仍被视为一种所谓社会发展的"风险"，缺乏确定的证据证明它存在危害可能。化学物质的毒性效应在短期内很难显现，而缺乏科学证据表明这些物质属于毒性物质，从而使得大量对生态环境或人体健康有潜在危害的化学物质游离于现行法律规范的体系之外。这种长期的潜伏性不仅导致因果关系具有高度复杂性，也使得证据收集变得尤为困难，由于受害者大多无法意识到其首次受到污染侵害的时间，在危害发生时，受害人也很难证明污染的事实、时间与范围等事项。

对于环境民事案件而言，环境污染行为或生态破坏行为与损害后果之间的因果关系是审判的关键环节。而对于这一环节的判断，目前大多是依赖于科学证据。其中，鉴定结论起着决定性作用，因果关系的判断很少会运用到其他证据。很多法官认为，可以通过将所谓的专业技术问题交由专业技术人员来判断，以求解决环境侵权归责的难题。这些鉴定结论大致可以分为两类。一类是环境保护行政主管部门出具的分析报告书，如环保局、渔业局、农业局等所做的监测报告、鉴定结论等。往往是在环境污染事件发生之后，当事人向环境保护行政主管部门举报，后者根据调查情况所出具的报告书往往包含了对污染事件发生原因的阐述。另一类是当事人委托专业中介机构所做的鉴定，包括技术鉴定、司法鉴定等。① 基于环境侵权案件的复杂性特征，当事人和法官相对欠缺在因果关系认定等方面的知识，所以需要依赖专业判断来"增进知识"。即使污染者一方具备相关的知识，但由于当事人之间矛盾尖锐，信息不对称，也难以说服受害方，因此法官试图以"鉴定结论"这种第三方的判断作为判决依据，从而减少当事人对其自身公正性的质疑。② 但是，法官在无法做出常识性判断的情况下，基于各种原因对鉴定的过度依赖，在个案中更希望在科学原理定律下采取演绎证明的方式，完全将因果关系的判断交给技术人员，导致鉴定结论在因果关系等事项的判断中起着决定性作用，而忽视了法

---

① 参见刘长兴《环境侵权规则设计之偏差及矫正——基于环境侵权鉴定的分析》，《法商研究》2018 年第 3 期。

② 从司法实践来看，涉案的当事人在庭审中也往往将科学鉴定视为证明环境污染侵权因果关系是否成立的唯一材料，而忽视了对其他类型可以证明因果关系成立与否证据的运用。

院本身的司法审查职能。① 其存在的弊端也是很明显的。

科学证据在帮助司法机关发现事实的同时，也暗藏了巨大的风险。随着专家垄断事实的常态化和普遍化，专家与法官角色出现混同，重创了程序正义。而法庭上的"坏科学"与有组织的不负责任，以科学掩盖事实，又使实体正义屡遭挫败。② 同时，从鉴定本身来看，我国目前真正具备进行环境科学鉴定条件和能力的机构非常少，由此才会造成目前的多头鉴定、重复鉴定、鉴定结论相互矛盾等混乱局面。而且，环境污染的损害后果与真实原因基于环境事件的缓慢积累特征以及当时科技水平所限，并不一定能够被及时认识到，但诉讼案件必须在当时的认知水平下做出及时判决。因此，相关环境侵权诉讼应当具有一定的探索性、前瞻性，甚至应当具有一定的价值引导性，更多地发挥社会公共政策的形成功能。如果法官仅仅依靠鉴定结论等科学证据，而轻视甚至忽略了其他证据，非常有可能导致认定事实的偏差，对司法公正乃至社会发展也必然会造成一定的负面影响。③

实际上，因果关系等事项依赖于鉴定结论，也是基于一种惯常的思维，即因果关系仅是事实认定问题，反映人类对客观规律的认识水平，与价值无涉。价值问题应放在义务、被保护的利益、损害赔偿中讨论，不应纳入因果关系。法律上因果关系的称谓有名无实，其实质属于法官自由裁量的领域。④ 另有代表性的观点虽然不认为因果关系

---

① 参见吕忠梅、张忠民、熊晓青《中国环境司法现状调查——以千份环境裁判文书为样本》，《法学》2011 年第 4 期。此外，地方保护、人情干预、不合理的业绩衡量指标等因素也会促使主审法官优先选择依据鉴定意见做出裁判的工作方法。参见王旭光《环境损害司法鉴定中的问题与司法对策》，《中国司法鉴定》2016 年第 1 期。

② 参见史长青《科学证据的风险及其规避》，《华东政法大学学报》2015 年第 1 期。

③ 参见胡学军《环境侵权中的因果关系及其证明问题评析》，《中国法学》2013 年第 5 期。

④ 参见 James E. Viator, "When Cause In Fact Is More Than a Fact: The Malone - Green Debate on The Role of Policy in Determining Factual Causation in Tort Law," *Louisiana Law Review*, vol. 44 (May 1984), pp. 1523 - 1525. 国内的学者参见左传卫《质疑侵权法中因果关系的二分法》，《法学》2007 年第 4 期；郑永宽《论责任范围限定中的侵权过失与因果关系》，《法律科学》2016 年第 2 期。

是单纯的事实问题，但从逻辑上将事实与法律做了界分，即将因果关系分为事实因果关系和法律因果关系。事实因果关系探讨的是行为是否客观上为损害发生的原因，是纯粹的事实关系。而法律因果关系则与法规目的相符，侧重于在事实因果关系的基础上如何依一定标准来限制责任。①

实际上，这里争论的事实与法律问题源于休谟所提出的"是"与"应当"区分，即强调事实与价值之间的区分。② 但是，这种二元对立有悖于实际情况，很多学者尝试各种途径对之进行化解。其中，较为有力的当属普特南，即以认知主义的基本取向和消解路径来化解困境。③ 普特南指出事实与价值的二分是经验主义的教条，其论证起源于贫困的逻辑实证主义事实观。④ 因为在"二分"那里，所谓的事实

① 参见王家福《民法债权》，法律出版社 1991 年版，第 477 – 491 页。

② 参见〔英〕休谟《人性论》（下册），关文运译，商务印书馆 1997 年版，第 509 – 510 页。后来诸多学者从逻辑分析、语义分析等角度强化了事实与价值之间的不可通约性，形成了两者二元分离，强调价值判断具有规范、约束和指导行为的规定性，而作为对事实描述的事实判断则不具有规定性，二者遵循不同的法则，存在不可逾越的逻辑鸿沟。参见〔英〕黑尔《道德语言》，万俊人译，商务印书馆 2004 年版，第 30 页；〔英〕艾耶尔《语言、真理与逻辑》，尹大贻译，上海译文出版社 1981 年版，第 116 页；〔英〕波普尔《开放社会及其敌人》（上卷），陆衡译，中国社会科学出版社 1999 年版，第 126 – 128 页；张传有《休谟"是"与"应当"问题的原始含义及其现代解读》，《道德与文明》2009 年第 6 期。

③ 哈贝马斯则采用弥合的路径达成其诉求。哈贝马斯用规范来沟通事实与价值。对于规范的表述只是在主体间共识的向度内具有普遍约束力，而不是对某种假想实体的描述。赋予规范以这样的根本性质，也就合法地沟通了事实与价值领域，规范在此实际上发挥了一种桥接作用。哈贝马斯坚持事实、价值与规范的三分结构，对价值弱化处理。即便如此，对立也只具相对意义，因为哈贝马斯将规范用一种类似于事实的方式加以解读，规范便充当了事实与价值沟通的桥梁。依哈贝马斯之见，需要在承认分立的基础上架起沟通二者的桥梁，因为"价值具有某种客观性，但是这种客观性不能现实地被理解为这样的意义，即像事实陈述一样具有经验内容。相反，它依赖于对可评价标准的主体间的认知，这可以通过我们参照相应的生活形式给出理由来达到"。参见陈太明《规范对于事实与价值二分的弥合》，《伦理学研究》2013 年第 4 期。考夫曼虽然以"事物的本质"作为连接实存与当为的桥梁，但同时亦明确指出：将事物的本质概念引入其理论之中，乃是为了"某种程度放松，但不是废除价值与事实，应然与实然间严峻的二元论"。参见〔德〕考夫曼《法律哲学》，刘幸义等译，法律出版社 2004 年版，第 115 页。

④ 参见〔美〕希拉里·普特南《事实与价值二分法的崩溃》，应奇译，东方出版社 2006 年版，第 59、182 页。

是感官印象的集合，而所谓价值不过是主观态度的表达，修正的观点仍坚持最后的可证实性要求，必须能够用纯粹客观的"科学语言"来表达。① 普特南并不否定事实与价值的区分，但"区分不等于二分法"，即事实与价值之间的有益与温和的区分不等于形而上学的二元论。② 事实并没有形而上学实在论所自诩的所谓"客观性"，即使最简单的事实陈述也渗透着种种价值。③ 由此可见，事实与价值二者在本质上具有交融性与互渗性。④

在法律中也是如此，正如拉伦茨所言，事实与价值的界域划分是必要的，但不可过度强调此种划分。⑤ 事实认定过程不可避免地要掺杂人为的因素，规范性评价往往不可分割、同时存在。⑥ 在因果关系的判断上，其与责任归属相关，是与自由意志的考察有密切联系的过程，蕴含着丰富的通过规范个体行为实现人类和谐秩序的价值判断。当人们意识到系以最终分配损害为指向而不是纯粹认识论目的而进行因果关系推断时，价值取向的潜在影响无法排除。法官判断具体事件，不断背离自然存在状态，在很大程度上取决于判断时所考虑的情境，乃至于尝试澄清了哪些情况，选择应予考量的情事则取决于判断时其赋予各该情事的重要性。⑦ 因此，可以认为因果关系虽区分事实因素与法律因素，但反对将两种因素截然二分。事实上的因果关系和

---

① 参见〔美〕希拉里·普特南《事实与价值二分法的崩溃》，应奇译，东方出版社 2006 年版，第 23 - 24 页。

② 参见〔美〕希拉里·普特南《事实与价值二分法的崩溃》，应奇译，东方出版社 2006 年版，第 10、12 - 13、20 页。杜威也持此类似观点，参见冯平《杜威价值哲学之要义》，《哲学研究》2006 年第 12 期。

③ 参见〔美〕希拉里·普特南《理性、真理与历史》，童世骏、李光程译，上海译文出版社 1997 年版，第 139 页。

④ 参见〔美〕希拉里·普特南《事实与价值二分法的崩溃》，应奇译，东方出版社 2006 年版，第 49 页。

⑤ 参见〔德〕卡尔·拉伦茨《法学方法论》，陈爱娥译，商务印书馆 2001 年版，第 13 - 14 页。

⑥ 参见〔日〕棚濑孝雄《现代日本的法和秩序》，易平译，中国政法大学出版社 2002 年版，第 149 页。

⑦ 参见〔德〕卡尔·拉伦茨《法学方法论》，陈爱娥译，商务印书馆 2001 年版，第 189 页。

法律上的因果关系并无本质不同，只是受价值的影响程度差异，价值评价介入因果关系判断的全过程。① 法官判断案件并不是无止境地探求已然案件中的真实因果关系，而是寻求对两事物间概括性因果关系的知识，如此形成的裁判对类似案件显然有更好的警示意义，对本案加害人的"特殊预防"及对潜在的环境污染者的"一般预防"作用更为显著。部分因果关系的性质决定了环境侵权诉讼的判决不一定是一个超验上的"正确"的判决，其实对这种科学上亦存在判断疑难的案件，我们应当追求的不是绝对正确，而只是裁判的合情合理。司法的功能不一定是真相回复，在此情形下，诉讼的纠纷解决与政策形成功能更值得我们的关注。②

三　环境侵权中举证责任的特殊规则

举证责任是法律要求当事人对自己所主张的事实提出证据并加以证明的责任。《民事诉讼法》第 64 条规定，当事人对自己提出的主张，有责任提供证据。如果不能完成举证责任，则诉讼请求不能得到支持。由于环境侵权的特殊性，需要对此一般规则做出修正。

就《民法典》第 1230 条而言，较为常见的观点认为其（《侵权责任法》第 66 条）是对当事人举证责任的倒置，即由对方当事人针对本来的证明责任对象从相反的方向承担举证责任。在环境侵权中，由侵权人承担污染行为或破坏行为与损害之间不存在因果关系等事项

---

① 实际上，这类观点也出现在国内许多学者的论述中。比如陈景辉《事实的法律意义》，《中外法学》2003 年第 6 期；陈兴良《规范刑法学》（上册），中国人民大学出版社 2008 年版，第 128 页；叶金强《相当因果关系理论的展开》，《中国法学》2008 年第 1 期；劳东燕《事实因果与刑法中的结果归责》，《中国法学》2015 年第 2 期；胡学军《环境侵权中的因果关系及其证明问题评析》，《中国法学》2013 年第 5 期。

② 参见胡学军《环境侵权中的因果关系及其证明问题评析》，《中国法学》2013 年第 5 期。

的证明责任，从而减轻被侵权人的举证负担。① 至于被侵权人是否还要承担一定的证明责任，观点不一。

　　参与《侵权责任法》立法的人员认为，举证责任倒置并非被侵权人不承担任何举证责任，被侵权人仍需提供初步的证据，但这种初步证据是针对污染行为与自身损害，至于因果关系是否存在则由被告负责举证。② 而司法部门的观点则认为，在法律或者司法解释特别明确被侵权人应对污染行为与损害之间的因果关系初步举证之前，应当从文义及立法目的出发，按照被侵权人无须承担因果关系的任何证明（包括初步证明）的规定进行适用。③ 但是，这种绝对的举证责任倒置在个案实践中并没有贯彻下去。④

---

① 参见王利明《侵权责任法研究》（下卷），中国人民大学出版社 2016 年版，第 455 页。
② 参见全国人大常委会法制工作委员会民法室编著《中华人民共和国侵权责任法解读》，中国法制出版社 2010 年版，第 335 页。
③ 参见最高人民法院侵权责任法研究小组编著《中华人民共和国侵权责任法条文理解与适用》，人民法院出版社 2010 年版，第 463 – 465 页。
④ 参见吕忠梅、张忠民、熊晓青《中国环境司法现状调查——以千份环境裁判文书为样本》，《法学》2011 年第 4 期。在有些案件中，法官也明确指出环境侵权中的举证规则属于举证责任倒置规则，但同时也要求原告应当证明关联性。有些法院认为，原告应对污染行为和损害结果之间相互关联性承担初步举证责任，在此基础上，被告需提出相反证据证明两者没有因果关系。有些判决虽未明确指明，但可间接地推知原告负有初步举证义务。例如，在"华润水泥有限公司与梁兆南环境污染责任纠纷案"中，法院认为，原告提供证据可以证明污染事实成立以及损害事实，且初步证明两者之间存在因果关系，故支持原告诉讼请求。参见广西壮族自治区防城港市中级人民法院（2014）防市民一终字第 377 号民事判决书。再如在"冯小平诉康代君、彭保华环境污染责任纠纷案"中，法院认为，根据《侵权责任法》第 66 条，环境污染责任适用举证责任倒置规定，原告只要提出表面证据，证明污染者已有污染行为，如果被告无法证明该污染、破坏结果不是其行为所致，则推定原告主张的事实成立。参见湖南省永州市零陵区人民法院（2013）零民初字第 1451 号民事判决书。还有很多案件则表现为法院以损害发生的多因性为由认为适用举证责任倒置缺乏事实依据，如"刘德胜与吉首市农机局环境污染侵权损害赔偿案"，农机局从 1982 年起一直在机关生活区院内对全市农用机动车进行年检、维修、喷漆等作业。此后，只有 20 多户的居民楼，先后有 10 人患上癌症。原告认为被告含苯作业导致其罹患恶性淋巴癌，于 2002 年诉至法院，请求判令被告停止侵害、排除妨碍并赔偿损失。一、二审法院均承认喷漆作业客观上对原告及附近居民生活环境造成一定影响，故应立即停止在农机局院内的上述作业，但同时又直接将因果关系举证责任完全加于原告，认为农机局喷漆气体中虽含有致癌物质苯，但致癌原因存在多种可能性，故原告癌症是否因喷漆造成缺乏扎实证据支持。此后两次再审均认同抗诉机关提出的环境侵权应适用举证责任倒置规则，但第一次（转下页注）

如果完全免除受害人在因果关系上的举证责任，则可能导致在侵权责任中占据最为核心地位的因果要件对责任的制约作用消于无形，这样会增加滥诉现象。举证责任倒置系基于保护弱者的抽象理念从法律层面进行的预先设定，在对受害人保护更为有利的同时，也剥夺了法官在因果关系认定上的裁量与心证权利，可能导致个案公平正义的丧失。而司法推定仅仅为法官设置了一个方向与框架，即法官需视个案来斟酌受害人举证所需要达到的程度，从而有利于发挥法官的裁量作用。① 2014 年，最高人民法院发布《关于全面加强环境资源审判工作为推进生态文明建设提供有力司法保障的意见》，对上述这种立法规定与司法实务之间的矛盾做出了回应："原告应当就存在污染行为和损害承担举证责任，并提交污染行为和损害之间可能存在因果关系的初步证据，被告应当就法律规定的不承担责任或者减轻责任的情形及其行为与损害之间不存在因果关系承担举证责任。"这种立场修正了《侵权责任法》上的举证责任倒置立场，而与学界和实务界提出的"因果关系推定"与"对因果关系进行初步证明"的主张更为接近。

《最高人民法院关于审理环境侵权责任纠纷案件适用法律若干问题的解释》则进一步细化了环境侵权因果关系的举证责任分配规则。该司法解释第 6 条规定，被侵权人应为污染者排放的污染物或者其

（接上页注④）再审认为原告提供的证据未能证明污染范围与污染程度，因而未能证明污染行为的存在，故即便有损害也不能适用举证责任倒置；第二次再审时，湖南省高级人民法院认为，由于目前无法准确界定各种癌病起因，因而以市农机局举证不能为由推定污染行为与原告损害结果之间存在必然的因果关系，缺乏事实依据。参见湖南省高级人民法院（2006）湘高法民再终字第 102 号民事判决。另有较为典型的案例如"谢某某诉江苏天楹赛特环保能源集团有限公司大气污染侵权案"，法院认为："目前在疫学上并没有二噁英会导致新生儿脑瘫的普遍的、公认的结论，也不能排除其他因素导致上诉人脑瘫的情况，有关污染行为与损害后果之间因果关系的举证责任尚不能由被上诉人承担。故上诉人要求被上诉人承担损害赔偿责任的诉讼请求依据不足，法院难以支持。"参见江苏省南通市中级人民法院（2011）通中民终字第 0700 号民事判决书。

① 参见张宝《环境侵权诉讼中受害人举证义务研究——对〈侵权责任法〉第 66 条的解释》，《政治与法律》2015 年第 2 期。

次生污染物与损害之间具有"关联性"提供证据材料，第 7 条又规定污染者若证明"排放的污染物没有造成该损害可能"、"排放的可造成该损害的污染物未到达该损害发生地"以及"该损害于排放污染物之前已发生"等情况，可认定因果关系不成立。对举证责任的完全倒置进行了修正，要求被侵权人仍应证明行为与损害在因果关系上存在关联性，即被侵权人需要承担初步的证明责任。上述两条规定成为目前我国处理环境侵权因果关系证明及认定问题最为直接的规范依据。由此，有观点认为《侵权责任法》第 66 条（《民法典》第 1230 条）属于因果关系推定，即依靠现有的证据，对事实做出相关推定的过程。①

从《民法典》第 1230 条的文本表述来看，虽然条文不存在基础事实的规定，也没有包含由基础事实到推定事实的推理描述，但是，结合相关的解释来看，其逻辑是被侵权人首先要进行基础事实的举证，包括损害后果、环境污染或生态破坏的行为、行为与损害之间的关联性，以此推定因果关系成立。然后，由侵权人证明被侵权人所主张的推定事实不存在。法官则基于双方提出的证据以及各种因果关系的判断方法，对相关证明事项是否满足证明要求以及最终的确证进行裁断。需强调的是，该条并不排除被侵权人自行举证的权利，即在被侵权人能够自行证明因果关系等事项的情况下可以进行举证。该条对举证责任做特殊的设置是旨在个案的某些事实处于真伪不明的情况下，通过对证明责任一般分配规则的修正，将本该由权利请求人证明的要件转变成由权利相对人来证明，从而使权利相对人在举证不能时承担败诉的风险，帮助法官最终做出合理的裁判。

---

① 参见程啸《侵权责任法》，法律出版社 2015 年版，第 578 页。在有些判决书中，有法官明确指出该规则属于因果关系推定规则，比如辽宁省沈阳市中级人民法院（2015）沈中民一终字第 01871 号民事判决书。

四　被侵权人的举证事项

如前所述，关于被侵权人是否要承担一定的举证义务，存在争议。在司法实践中，随着众多司法解释的出台，绝大多数观点转为主张被侵权人仍应承担一定的举证义务。《最高人民法院关于审理环境侵权责任纠纷案件适用法律若干问题的解释》第6条规定，被侵权人必须提供证据证明三个事实：（1）污染者排放了污染物；（2）被侵权人的损害；（3）污染者排放的污染物或者其次生污染物与损害之间具有关联性。《最高人民法院关于审理生态环境损害赔偿案件的若干规定（试行）》第6条也强调了原告应当就以下事实承担举证责任：被告实施了污染环境、破坏生态的行为或者具有其他应当依法承担责任的情形；生态环境受到损害，以及所需修复费用、损害赔偿等具体数额；被告污染环境、破坏生态的行为与生态环境损害之间具有关联性。由此可见，虽然《民法典》第1230条中并未涉及被侵权人的举证责任，但实践中仍应承担初步的证明义务，即环境污染或生态破坏行为与损害后果应当由被侵权人承担，因果关系也应由被侵权人进行举证，达到初步程度后，再由侵权人进行反证。如果不能完成上述证明义务，则应承担举证不能的后果。

关于侵害行为，被侵权人应证明侵权人实施了环境污染行为或生态破坏行为。这里仅要求被侵权人对侵害行为的事实描述，比如侵权人排放了污染物质，并到达被侵权人所在区域、污染物在该场所形成暴露点或暴露面等。但是就一些特殊的环境侵害行为而言，比如噪声、电磁辐射类的侵害行为，被侵权人不能仅举证侵权人设置了某种仪器设备，还需要结合是否符合环境标准、损害是否与此有关联等事项。① 就上述证明事项而言，被侵权人可以通过向法庭提交相关机构的鉴定意见、相关行政机关的函件等材料予以证明。② 由于侵权人的污染排放尤其是排放方式、浓度等情况属于其内部情况，作为外部的被侵权人通常是无法具体了解的，在调查取证时也会障碍重重。《最高人民法院关于审理环境民事公益诉讼案件适用法律若干问题的解释》第 13 条规定，原告请求被告提供其排放的主要污染物名称、排放方式、排放浓度和总量、超标排放情况以及防治污染设施的建设和运行情况等环境信息，法律、法规、规章规定被告应当持有或者有证据证明被告持有而拒不提供，原告主张相关事实不利于被告的，人民法院可以推定该主张成立。做如此推定，进一步减轻了被侵权人的证明负担。

至于侵害行为的具体情况，被侵权人是否需要证明其损害是由特定物质引发以及侵权人排放了该种特定物质，实践中有些法院要求对此做出具体证明。③ 但是，如果将对行为的证明理解为"排放特定物质"或者"实施特定破坏"的证明，实际上是扩大乃至加重了被侵权人的证明责任，极有可能成为被侵权人的巨大障碍。因为污染或破坏过程涉及复杂的科学技术问题，通常情况下被侵权人无专业知识、无足够资金，也就无力证明侵权人所排放的废弃物质中究竟含有何种

---

① 比如"徐某诉重庆移动公司环境污染责任案"，重庆移动公司设置基站用以传播通信信号，这在科学上的确存在电磁辐射，但电磁辐射是否污染环境存在争议。原告认为重庆移动公司设置基站就是侵权行为，但并未举证该基站的电磁辐射污染其居住环境，且拒绝申请电磁辐射监测。重庆移动公司取得了无线电台执照以及电磁辐射环境验收合格证。根据现有证据，法院没有认定重庆移动公司存在环境污染行为，且徐某诉称的头痛、心悸等不适以及心律不齐，根据医学常识属于正常的生理现象。最后法院判定原告承担举证不能的后果。参见重庆市第一中级人民法院（2014）渝一中法环民终字第 05242 号民事判决书。

② 比如天津市高级人民法院（2014）津高民四终字第 22 号民事判决书、安徽省滁州市中级人民法院（2016）皖 11 民终 513 号民事判决书。

③ 参见"曾令军诉被告贵阳双辉钢铁有限公司、贵州四达矿产有限公司、贵州同济堂制药有限公司水污染责任纠纷案"，贵州省清镇市人民法院（2011）清环保民初字第 2 号民事判决书。该判决要求被侵权人能够证明侵权人排放了特定物质，或者要求被侵权人对其损害的成因进行鉴定，即被侵权人需要证明其鸭子死于氰化物，鸭肝中也检测到氰化物。

导致损害结果的成分或者所实施的何种破坏行为最终导致了生态破坏的结果。这在我国环境监管体系不完善的情况下尤为困难。由此，在侵害行为的证明上，应认为被侵权人只需提供侵权人所排污染物中有可能导致其损害的任一物质，或者所实施的破坏行为概括地可能导致最终的损害，就满足其举证义务，而没有必要去证明是侵权人具体排放了哪一种污染物或实施了何种具体的破坏行为。这一证明事项应当由被告承担举证责任进行反证。

关于损害后果，被侵权人应当证明自己在环境污染或生态破坏事件中所遭受的人身损害、财产损害。另外，国家规定的机关或者法律规定的组织还要证明生态环境损害，包括：生态环境修复期间服务功能丧失导致的损失；生态环境功能永久性损害造成的损失；生态环境损害调查、鉴定评估等费用；清除污染、修复生态环境费用；防止损害的发生和扩大所支出的合理费用。

行为与损害之间的"关联性"，有别于"因果关系"，意味着污染物与损害结果之间并不一定都需要达到可称为"因果"的程度。此处的"关联性"对原告证明经验法则的要求应解释为"更有可能"引起损害，允许存在一定程度上的"择一因果"和"相关关系"，这就为法官进一步判断留有空间，并能够缓解原告的举证困难。在常识可判断的情况下，比如排放污水直接灌入农田，导致农田植物枯萎，这仅需依靠社会生活经验即可对环境污染和损害结果的关联性做出判断。而在很多情况下，并非依靠这种常识即可做出判断，而是需要科学技术进行验证。在司法实践中主要表现为环保等行政机关的监测记录、勘察报告、公安机关的文书和鉴定意见等，暴露于受污染、受破坏的环境中以及相关物质、行为对于损害事实的贡献度已为科学上所证实，侵权人排放的污染物或实施的破坏行为有科学证据表明能够导致被侵权人损害的发生，只需达到通过科学技术能够确定的最低限度

的联系即可。^① 在科学层面上，侵权人排放的污染物质或实施的破坏
行为中有一种或多种因素可以引发被侵权人的损害，即侵权人的致害
行为中包含了能够引起被侵权人损害的因素，此时的"致害可能性"
并非要求该行为与损害之间具有唯一的、排他的关联，只要该行为是
损害后果的原因之一，就可以确立这种关联性。^② 另外，污染或破坏
行为能够导致被侵权人的人身或其财产产生损害的程度、其他因素加
重被侵权人损害的程度等事项的证明不应加于被侵权人，因为这已经
使其负担的举证义务超出初步关联的程度。

五 侵权人的举证事项

一旦被侵权人提供的证据达到了初步程度，就可以推定因果关系
成立，侵权人应当反证排除存在因果关系的可能性。《最高人民法院
关于审理环境侵权责任纠纷案件适用法律若干问题的解释》第 7 条继
续从反面列举了可以排除因果关系的四种情形：（1）排放的污染物没
有造成该损害可能的；（2）排放的可造成该损害的污染物未到达该损
害发生地的；（3）该损害于排放污染物之前已发生的；（4）其他可
以认定污染行为与损害之间不存在因果关系的情形。由此，侵权人可

---

① 比如北海海事法院（2015）海事初字第 17 号判决书、云南省昆明市中级人民法院（2014）
昆环保民重字第 1 号民事判决书、辽宁省高级人民法院（2013）辽审三民提字第 45 号民事
判决书、广东省广州市中级人民法院（2015）穗中法民一终字第 3804 号民事判决书。

② 在"王莉诉重庆远上机械制造有限公司环境污染责任纠纷案"中，受害人所患哮喘病属于
"非特异性"疾病，在法院调查走访医疗机构专家后形成的经验法则显示，环境、遗传、
体质等均有可能引起发病，这属于仅能达到"择一因果"之较高盖然性的情形。二审法院
认为，当原告已经证明排污和损害存在的情况下，"重庆远上机械制造有限公司并未举证
证明王莉是因其自身原因、其他原因患病，也未有鉴定机关就其污染行为与王莉的损害之
间不存在因果关系做出司法鉴定意见，因此重庆远上机械制造有限公司应当承担举证不能
的责任"。参见重庆市第一中级人民法院（2013）渝一中法环民终字第 04145 号民事判决
书。这一判决实际上根据较高盖然性之经验法则即推定了因果关系成立，从而将具体的举
证责任转移至被告。

以证明其所排放物质没有致害性，排放物质虽有致害性但从科学层面不可能引发系争特定损害，或排放物质进入周围环境的含量极低不可能造成损害；侵权人也可以证明其未对外排放任何可能引发系争损害的物质，或虽排放了该物质但污染行为没有达到损害发生地，或损害是由其他人排放的物质所造成的。否定因果关系中的致害可能性、传播事实等事项，属于侵权人的证明手段，也是举证责任。① 其中，侵权人的第 1 项主张原则上应当被视为抗辩，并对此承担举证责任。如果被侵权人已经完成"关联性"证明，且其对经验法则的证明达到了高度盖然性程度，则因果关系即被推定成立，侵权人就第 2 项与第 3 项规定的事实承担举证责任。如果被侵权人没有完成对推定前提的证明，或虽符合"关联性"的要求但对经验法则的证明未达到高度盖然性程度，则侵权人对这类事实的主张应被视为否认而非抗辩，无须对此承担举证责任。

除了因果关系之外，侵权人还可以通过举证法律规定的不承担责任或者减轻责任的情形进行抗辩。《民法典》"侵权责任编"的一般规定中，也规定了"不承担责任和减轻责任的情形"。但是，环境污染与生态破坏责任属于特殊侵权类型，上述一般规定并不能一概适用于特殊情况，需考察特别法关于环境污染和生态破坏关于不承担责任和减轻责任的规定。② 在不同类型的环境侵权中，关于不承担责任或者减轻责任的法律规定不尽相同。比如《水污染防治法》第 96 条规定，由于不可抗力造成水污染损害的，排污方不承担赔偿责任；法律另有规定的除外。水污染损害是由被侵权人故意造成的，排污方不承担赔偿责任。水污染损害是由被侵权人的重大过失造成的，可以减轻排污方的赔偿责任。水污染损害是由第三人造成的，排污方承担赔偿责任后，有权向第三人追偿。《海洋环境保护法》第 91 条则规定了经

① 参见安徽省滁州市中级人民法院（2016）皖 11 民终 513 号民事判决书。
② 参见王利明《侵权责任法研究》（下卷），中国人民大学出版社 2016 年版，第 459 页。

过及时采取合理措施，仍然不能避免对海洋环境造成污染损害的，三项免责事由：战争；不可抗拒的自然灾害；负责灯塔或者其他助航设备的主管部门，在执行职责时的疏忽，或者其他过失行为。

六 法官的"相当性"裁判

举证责任的特殊规则设置是为法官最终对因果关系等事项做出合理的裁判做准备。如前所述，因果关系最终是法律问题，而并非纯粹的事实问题，需要在各项证据的基础上发挥法官的裁量予以最终判断。在环境因果关系等事项的判断中，由于涉及诸多专业性问题，需要依仗科学技术，因此实践中有过度依赖鉴定结论证据的倾向。即使如此，我国目前真正具备进行环境科学鉴定条件和能力的机构不多，鉴定的结论也无法达到科学的程度。而且，在很多情况下，环境污染或生态破坏损害后果的形成原因在当前的科技水平下并不一定能够被准确认知，而案件的裁判必须在当时的认知水平下做出及时的判决。如果法官仅仅依靠鉴定结论等证据，而轻视甚至忽略其他证据，也怠于根据法理乃至法律的价值观做出自由裁量，那么可能无法做出妥当的裁断。因此，法官对环境侵权因果关系的判断，是一个综合考量各种证据，结合特定背景知识以达到"内心确信"的判断过程。

原来的司法实践中常常采用必然因果关系理论，[①] 但其缺陷在于未能正确区分因果关系的属性，侵权法上的因果关系包含着价值判断，体现了法律价值调整的方向。在这种因果关系理论下，证明责任无论分配给哪一方均难以有效保护原告的利益。如果将责任分配给原告，要求原告证明环境污染必然造成特定损害的发生，则证明难度极

---

① 比如"章某诉某某厂人身损害赔偿纠纷案"，法院认为无证据证明某厂的行为与原告所得疾病存在必然的因果关系。参见上海市第二中级人民法院（2001）沪二中民终字第296号民事判决书。

大，几乎不可能成功，因为环境污染的累积性、复杂性使因果关系往往不是直接的。而如果分配给被告，被告却可能较容易证明，因为在环境污染中，同一污染对于不同体质的人或有其他因素介入时产生的损害后果是不一样的，很难完全断定某结果与某原因之间存在必然因果关系。① 正因为这种弊端，在现代型环境侵权诉讼中，学者们提出了诸多因果关系的判断学说，比如疫学因果关系论、市场份额因果关系论等，修正了传统的因果关系理论以"必然关联"做标准存在的问题，强调了"相当性"。这些因果关系学说并非所谓因果关系学术流派的分歧与不同，而是针对具体案件所适用的不同的因果关系证明方法。以"疫学因果关系论"为例，对于尚未确定污染源的，或者致害的因果关系尚待证实的，就可以采用这个判断方式，即通过流行病学的调查分析，推定被告的行为是导致污染的原因等。疫学型侵权案件的特征是，原告认为企业排放的化学物质与自己患上的某种疾病之间存在因果关系，而究竟是否存在因果关系，无法通过常识的方法直接观测，只能在流行病学的基础上予以推断。这是一种典型的具有累积性、潜伏性和科技性的环境侵权类型。在这类案件中，证明一般因存在与否的关键证据为流行病学证据，而证明特定因存在与否的证据则包括暴露学、临床医学、病理学等科学证据以及其他的一般证据。在有些情况下，环境侵权案件的一般因不是仅仅依靠日常生活经验就能够得到证明的。例如，在有关垃圾焚烧排放的二噁英是否可能导致人身损害的案件中，不可能通过常人或法官的生活经验来判断究竟是否存在一般因。一定浓度的二噁英是否会导致一定暴露量的人身患某种疾病，显然必须借助于科学研究。即便借助流行病学的研究，能够获得的也只是概率上的相关性。如果科学界没有定论，则仍然必须由法院根据有关科学证据推断是否存在因果关系。在科学界本就有争议的

---

① 参见胡学军《环境侵权中的因果关系及其证明问题评析》，《中国法学》2013 年第 5 期。

问题上，要求法律上的因果关系达到科学上的确定性和精确性，本身是不可取的。法官与科学家在判断因果关系时处于不同的处境，追求不同的目的。法官在判断因果关系时面对来自判断时间、学科不确定性、社会影响等各方面的压力。科学证据和专家证言只是帮助法官形成法律上因果关系认识的辅助工具，而不是主导或决定性因素，试图以科学研究结论取代法庭判决的做法是行不通的，在存在科学不确定性的疑难案件中尤其如此。当然，这绝不意味着科学证据或专家证言在疑难案件的审理中不重要，在这类案件中熟悉科学原理，了解科学研究进展，理解专家做出因果关系判断的理由，是做出正确判决的先决条件。这些对审理一般民事案件的法官都是较大的挑战。在环境审判专业化的同时，从理论上阐明对科学证据进行司法审查的方法和限度，十分重要。① 诉讼中的事实认定是一个复杂的过程，环境侵权因果关系事实本身的复杂性质更提高了这一过程的复杂程度，应当最大限度地调动当事人提供证据和进行证明的积极性，使裁判者能在信息最大化和当事人充分参与并进行理性交锋的基础上认定事实，但事实的认定最终必须依靠司法经验的积累及法官的判断力，希望依赖证明责任的特殊分配规则来完全解决具体案件中复杂的事实认定问题，将无法实现其目的，也会产生各种消极后果。②

　　相当因果关系理论之所以成为当前的通说，是因为"相当性"具有足够的弹性以应对实践的复杂性及容纳多元化价值判断，这正是该理论的优势所在。该理论认为不能以必要条件与同等价值原因来确定因果关系，而应对原因做价值性区别分析。③ 从国外理论与判决的论述来看，大多表述为：如果一个事实一般地且不是在异乎寻常、十分

---

① 参见陈伟《疫学因果关系及其证明》，《法学研究》2015 年第 4 期。

② 参见胡学军《环境侵权中的因果关系及其证明问题评析》，《中国法学》2013 年第 5 期。

③ 参见〔德〕埃尔温·多伊奇、汉斯－于尔根·阿伦斯《德国侵权法——侵权行为、损害赔偿及痛苦抚慰金》，叶名怡、温大军译，中国人民大学出版社 2016 年版，第 26 页。

不可能的并且根据事物的通常进程应不予考虑的情况下，适宜引发一定的结果，则具备相当性。[①] 我国台湾地区通说惯常表述为：无此行为，虽不必生此损害，有此行为，通常即足生此损害者，是为有因果关系。无此行为，虽不必生此损害，有此行为，通常亦不生此损害者，即无因果关系。[②] 从内涵表述来看，相当因果关系理论包含了相关的条件与相当性判断两部分。前者只是降低了条件的"逻辑不相关性"，而后者则涉及主体的认知和判断。[③] 但在实践中，尤其是难以通过经验或者技术确定的情况下，这两部分其实是融为一体、无法做逻辑分割的。正因为以相当性来判定原因与结果的关联，其中蕴含了概率因素且取决于法官的偏好、观点以及政治上的判断，所以该理论面临着空洞、不确定性等缺陷而无法在实践中有效限制责任的批评。[④] 由此，学者试图以不同的学说来取代相当因果关系理论，其中最为显著的当属法规目的说。[⑤] 该说主张，受违反保护性法规的损害赔偿义务仅针对法规旨在保护的受害人、法规旨在防止之危险引发之损害而存在，责任限制问题是通过具体规范的意义和射程的展开来解决的，其与责任基础规范的保护目的和保护范围相关。因此，因果关系的有无应依法规内容和目的决定。[⑥] 但是，法规目的说也面临着与相当因

---

① 参见〔德〕埃尔温·多伊奇、汉斯－于尔根·阿伦斯《德国侵权法——侵权行为、损害赔偿及痛苦抚慰金》，叶名怡、温大军译，中国人民大学出版社 2016 年版，第 207 页。

② 参见叶金强《相当因果关系理论的展开》，《中国法学》2008 年第 1 期。

③ 参见〔荷〕J. 施皮尔《侵权法的统一·因果关系》，易继明等译，法律出版社 2009 年版，第 86 页。

④ 参见叶金强《相当因果关系理论的展开》，《中国法学》2008 年第 1 期。

⑤ 另有日本学者提出的"义务射程说"，即通过使用事实性因果关系、保护范围、损害的金钱评价，建立损害赔偿法理论的体系。平井宜雄认为，负担损害赔偿义务者的行为与损害之间必须有事实性因果关系，同时需要做出对于存在事实性因果关系的损害，要赔偿到何种程度才妥当的政策性判断，此种政策性价值判断的框架称为"保护范围"。但是，义务射程说其实与法规目的说没有实质性的区别。在义务射程说之中，价值判断部分仍然被笼统地包含于"保护范围"的判断中。

⑥ 参见叶金强《相当因果关系理论的展开》，《中国法学》2008 年第 1 期。

果关系说同样过于宽泛的批评。① 规范的目的与保护范围对责任有着决定性影响，法规目的说以规范目的来确立责任界限，是合理的途径，这实际上也可以纳入相当性判断的范畴。由此，有学者强调法规目的在"相当因果关系"认定中的作用，即不限于传统上自然意义的通常和可能，还包括"一般文明损害赔偿规范认为适当"，也就是依一般判断，必须依法条目的认为与损害有适当关联。② 相当性判断以经验知识为支撑，并建立在常人对损害后果的一般可预见性基础上。而规范的保护范围则从立法者的特定先见出发，因为立法者创制某个规范的目的在于阻止特定损害。但实际上，大多数学者在适用相当因果关系理论时包含了对法规目的是否符合的探究。德国法院在适用相当因果关系时，主张在法规目的之外的，不得请求损害赔偿。依此观点，其实际上是把法规目的说所主张之"探究相关法规之意义与目的"纳入相当性的判断过程。保护范围和相当性互相关联：只有满足相当性因果关系，且属于规范保护范围的损害才可赔偿。③

在环境侵权案件中，相当因果关系需要判断的是行为与结果之间是否具备"相当性"的联系，从本质上看，相当性判断中的核心问题是损害发生之可能性问题。当一个污染行为或生态破坏行为根本性地提高了生态环境损害后果或者个人财产损害、人身损害等结果产生的可能性时，其就具备了相当性。在因果关系判断所基于的知识背景基础上，应将行为当时存在的全部客观事实根据一般经验法则或者科学法则作为因果关系判断的基础。同时，法官应以一个虚拟"理性人"的标准来进行因果关系判断，而不是站在全知全能的角度。由此，在判断过程中，事实性构成了判断属性的基调，而所有对事实性的偏

---

① 参见叶金强《相当因果关系理论的展开》，《中国法学》2008 年第 1 期。
② 参见黄立《民法债编总论》，中国政法大学出版社 2002 年版，第 275 页。
③ 参见〔德〕埃尔温·多伊奇、汉斯－于尔根·阿伦斯《德国侵权法——侵权行为、损害赔偿及痛苦抚慰金》，叶名怡、温大军译，中国人民大学出版社 2016 年版，第 54 页。

离，均是基于价值判断实现之需要。价值判断只能在一定事实性前提基础上展开，价值判断只是在既有的事实性联系基础上，影响事实性的影响力度、软化事实性。通过法官的自由裁量、综合判断，各项价值判断通过相当性判断，于个案中可取得其应有的影响力，在整个过程中根据判断需要而综合性运用，在推进原因与结果的关联中，不断在事实与价值之间反复。

第五章　环境污染与生态破坏责任中多人侵权与第三人过错问题

一　环境污染与生态破坏责任中的多人侵权问题

（一）《民法典》第 1231 条的基本情况

《民法典》第 1231 条规定了环境侵权中的多人侵权，即"两个以上侵权人污染环境、破坏生态的，承担责任的大小，根据污染物的种类、浓度、排放量，破坏生态的方式、范围、程度，以及行为对损害后果所起的作用等因素确定"。

该条直接源自《侵权责任法》第 67 条的规定。在此之前，2003年《最高人民法院关于审理人身损害赔偿案件适用法律若干问题的解释》第 3 条第 2 款规定了"二人以上没有共同故意或者共同过失，但其分别实施的数个行为间接结合发生同一损害后果的，应当根据过失大小或者原因力比例各自承担相应的赔偿责任"。在《侵权责任法》之后，最高人民法院对一些特殊的环境污染情况做了具体解释，比如《最高人民法院关于审理船舶油污损害赔偿纠纷案件若干问题的规定》（法释〔2011〕14 号）第 3 条规定了两艘或者两艘以上船舶泄漏油类造成油污损害的特殊情况。《最高人民法院关于审理环境侵权责任纠纷案件适用法律若干问题的解释》第 3 条中具体规定了多人侵权的情况，在第 4 条中增加了一些必要的考量因素。该解释的内容被《民法典》第 1231 条沿用。

在《民法典》的编纂过程中,《民法典》第 1231 条内容的修订主要集中在责任大小的考量因素方面。2017 年的《侵权责任编草案(民法室室内稿)》第 68 条仅明确了"污染物的种类、排放量",而在第 2 款中对破坏生态环境的责任大小以"损害后果发生所起的作用"这类较为宽泛的用语做出表述。《侵权责任编草案(一审稿)》将"污染环境"与"生态破坏"合并成"损害生态环境",《侵权责任编草案(二审稿)》《侵权责任编草案(三审稿)》除了行为样态的修改之外,对责任大小的考量因素做了更为具体的规定。《民法典》第 1231 条最终予以采纳。

《民法典》第 1231 条是关于多人侵权在环境污染或生态破坏责任情况下的特殊规定。多人实施环境污染、生态破坏导致损害的情况在实践中较为常见。生态环境本身具有一定的自净能力,能够在容量范围内承受污染。多人实施污染行为更容易在特定时空中导致污染物超出生态系统所能够承受的限度,更容易发生环境污染的后果。生态破坏也是如此,较之单个人,多个破坏生态者所实施的破坏行为更容易导致超出生态环境自身的修复能力,更容易产生生态破坏的后果。较之一般情况下的多人侵权,多人环境侵权的责任确定更为复杂,涉及污染物的种类、浓度、排放量,破坏生态的方式、范围、程度,以及行为对损害后果所起的作用等诸多因素。故第 1231 条在《民法典》第 1171 条、第 1172 条等多人侵权一般规定的基础上做了特殊性规定。《民法典》第 1231 条通过明确规定责任承担大小所需考量的因素,为司法裁判提供弹性指引,尽量避免在责任份额的判断上可能出现的偏差。

(二)两个以上侵权人

《民法典》第 1231 条的侵权人是复数,指两个以上(含两个,下同）实施环境污染行为或生态破坏行为的人。复数侵权人是因其环境侵权行为导致同一损害后果而关联在一起的，侵权人之间的具体关联形态有多种较为复杂的类型。《最高人民法院关于审理环境侵权责任纠纷案件适用法律若干问题的解释》中有具体的分类，相关学者对此也有诸多学理阐述。①

多人侵权中有一种类型是复数侵权人之间有共同意思联系的情况。这属于《最高人民法院关于审理环境侵权责任纠纷案件适用法律若干问题的解释》第 2 条所规定的"共同实施"环境污染行为致害的情况。这是侵权人在具有共同意思联络情况下共同实施的行为，不属于《民法典》第 1231 条的适用情形。司法实践中也多持此观点。②

除此之外，多人侵权还有一种类型是复数侵权人之间没有共同意思联系的情况。这属于《最高人民法院关于审理环境侵权责任纠纷案件适用法律若干问题的解释》第 3 条所规定的三种情况。

第一种情况是两个以上侵权人分别实施污染行为或破坏行为造成同一损害，其中每一个侵权人的污染行为或破坏行为都足以造成全部损害。比如，甲和乙分别向同一条河流排放废水废渣，导致该条河流所经领域的生态系统紊乱，并致该领域的动植物死亡，甲、乙两人所排放的废水废渣都足以造成该损害后果。尽管甲、乙所排放的污染物质之间会存在抵消、累加等可能的情况，但这种情况只需要考虑这些污染物质结合后是否造成了同一损害后果，以及单个污染源所排放的物质是否足以造成同一损害即可。

第二种情况是两个以上侵权人分别实施污染行为或破坏行为造成同一损害，虽然其中每一个侵权人的污染行为或破坏行为都不足以造

---

① 参见竺效《论无过错联系之数人环境侵权行为的类型——兼论致害人不明数人环境侵权责任承担的司法审理》，《中国法学》2011 年第 5 期；程啸《多人环境污染损害中的因果关系形态及责任承担》，《暨南学报》（哲学社会科学版）2014 年第 2 期。

② 参见云南省昆明市中级人民法院（2019）云 01 刑终 824 号刑事附带民事裁定书。

成全部损害，但是它们在发生物理、化学等性质的结合之后，造成了最终的损害后果。比如，甲、乙每个人所排放的废水废渣本身不足以导致最终损害后果的发生，其有毒有害物质的数量均未超出河流本身的自净能力，但两人共同排放的物理总量却超出了河流的自净能力，最终造成了同一损害。或者，甲、乙所排放的废水废渣具有不同的化学性质，排放到同一条河流后发生了化学反应，最终造成了损害后果。

第三种情况是两个以上侵权人分别实施污染行为或破坏行为造成同一损害，部分侵权人的污染行为或破坏行为足以造成全部损害，而部分侵权人的污染行为或破坏行为只造成部分损害。比如，甲是大型企业，废水的排放量巨大。乙是小型企业，废水的排放量较小。甲、乙都对同一条河流排放污水，其中甲排放的污水量足以导致最终的损害结果，而乙只可能造成其中一部分的损害后果。

（三）数人侵权责任的承担

《民法典》第 1231 条中所规定的"承担责任"究竟是复数侵权人对被侵权人承担责任的规定，还是指复数侵权人内部责任的分担？这在理论上存在一定的争议。

有观点认为，复数环境侵权人对被侵权人应当承担连带责任，然后根据污染物的种类、浓度、排放量，破坏生态的方式、范围、程度，以及行为对损害后果所起的作用等因素确定侵权人之间的内部责任，这样有利于被侵权人的救济以及应对生态环境保护的急迫需求。因此，该条的"承担责任"规定并非指向对外按份责任的规定，而仅仅是关于侵权人之间内部责任份额的划分规则。[①] 或者认为针对造成同一损害的数个无意思联络污染者，在立法上应当构建"以连带责任

---

① 参见孙佑海、唐忠辉《论数人环境侵权的责任形态——〈侵权责任法〉第 67 条评析》，《法学评论》2011 年第 6 期。

为原则，并予以适当限制"的对外责任制度。①

《最高人民法院关于审理人身损害赔偿案件适用法律若干问题的解释》第 3 条规定："二人以上共同故意或者共同过失致人损害，或者虽无共同故意、共同过失，但其侵害行为直接结合发生同一损害后果的，构成共同侵权，应当依照民法通则第 130 条规定承担连带责任。""二人以上没有共同故意或者共同过失，但其分别实施的数个行为间接结合发生同一损害后果的，应当根据过失大小或者原因力比例各自承担相应的赔偿责任。"该司法解释采用的是"客观说"，即共同侵权的构成不以数个行为人之间存在共同故意或过失为必要条件，在数个行为人分别实施加害行为导致同一损害发生且这些行为存在高度关联性时，也构成共同侵权，数个行为人应承担连带责任。而后来的《侵权责任法》第 12 条规定，"二人以上分别实施侵权行为造成同一损害，能够确定责任大小的，各自承担相应的责任；难以确定责任大小的，平均承担赔偿责任"，实际上其后半段是将行为关联的情况纳入了平均的按份责任。由此可见，《侵权责任法》修改了《最高人民法院关于审理人身损害赔偿案件适用法律若干问题的解释》第 3 条的精神，使得共同侵权理论基础从"客观说"转向了"主观说"。这一转变使得侵权人的行为自由得到更多保护，部分侵权人不再需要对连带责任项下的全部损害负责。而被侵权人一方对部分承担按份责任的侵权人的求偿可能发生困难，导致损害赔偿难以实现。②

参与《侵权责任法》立法的人员认为，尽管对复数环境侵权人一

---

① 参见王丽萍《无意思联络环境污染者对外责任研究——以〈侵权责任法〉第 67 条为展开》，《政法论丛》2017 年第 1 期。

② 当然，《侵权责任法》这条规定修改的合理性，仍然受到了学界的质疑。有观点认为，《侵权责任法》第 67 条的规定与主流学说、判例和晚近的立法例是背道而驰的。行为关联性理论不仅在数人排污行为具有"强关联性"的案件中得到确认，在仅仅具有"弱关联性"的案件中也被确认。认定此种情形下的共同侵权，判决数个排污者承担连带责任是一个基本趋势。参见张新宝、庄超《扩张与强化：环境侵权责任的综合适用》，《中国社会科学》2014 年第 3 期。

概规定承担连带责任能够更好地保护被侵权人，但是从社会公平的角度来说，其是值得商榷的。因为在环境污染损害后果发生之后，被侵权人往往会从赔付能力考虑，一般会起诉经济能力较强的大企业，然而大企业在处理污染物方面能力较强，不一定比小企业排放的污染物多，所以一概地规定所有情况都适用连带责任，会加重大企业的负担，不利于社会公平，也不利于排污多的小企业积极进行污染治理。另外，部分侵权人承担连带责任后还需另行起诉，向其他侵权人进行追偿，在总体效果上导致诉累的增加。因此，《侵权责任法》第 67 条的"责任承担"属于对外的按份责任，其标准直接根据污染物的种类、排放量等因素确定排污者责任的大小，而不是侵权人之间的内部责任分担规则。[①]

本书认为《民法典》第 1231 条的责任承担性质不能一概而论，既不能为了救济而认定完全属于对内的按份责任，也不能因为在概率上区分出大小企业实施环境侵权的可能性而认定完全属于对外的按份责任，应当根据共同侵权的一般原理，结合环境侵权行为的"共同"以及损害后果的具体情况予以确定。

两个以上侵权人分别实施污染行为或破坏行为造成同一损害后果，侵权人之间不具有过错的关联，每一个侵权人的污染行为或破坏行为都足以造成全部损害，则根据《民法典》第 1171 条的规定，由复数侵权人对被侵权人承担连带责任。至于侵权人之间承担责任大小，则可以适用本条，具体斟酌污染物的种类、浓度、排放量，破坏生态的方式、范围、程度，以及行为对损害后果所起的作用等因素予以确定。

两个以上侵权人分别实施污染行为或破坏行为造成同一损害后果，每一个侵权人的污染行为或破坏行为都不足以造成全部损害，则

---

① 参见全国人大常委会法制工作委员会民法室编著《中华人民共和国侵权责任法解读》，中国法制出版社 2010 年版，第 338 页；王利明《侵权责任法研究》（下卷），中国人民大学出版社 2016 年版，第 490 页；杨立新《侵权责任法：条文背后的故事与难题》，法律出版社 2011 年版，第 220 页。

复数侵权人对被侵权人承担按份责任，各自责任份额的确定适用本条的规定。需注意的是，这种情况不同于共同危险行为。共同危险行为是多人实施危及他人人身、财产安全的行为，只有其中一人或数人而非全部造成损害结果，无法确定具体的侵权人。而《民法典》第1231条的这种情况是全部的行为人均对损害后果有贡献，因此不能将其归为共同危险行为而追究连带责任。

两个以上侵权人分别实施污染行为或破坏行为造成同一损害后果，部分侵权人的污染行为或破坏行为足以造成全部损害，而部分侵权人的污染行为或破坏行为仅造成部分的损害，则足以造成全部损害的侵权人与其他造成部分损害后果的侵权人就共同造成的损害部分向被侵权人承担连带责任，并对全部损害承担责任。对内最终责任份额的确定仍然可以适用《民法典》第1231条的规定。

（四）确定各个侵权人责任大小的考量因素

《民法典》第1231条对数人侵权责任承担大小的考量因素做了明确列举，包括"污染物的种类、浓度、排放量，破坏生态的方式、范围、程度，以及行为对损害后果所起的作用"，但此列举并非完全列举，还有其他"等"的因素，这可以由法官在个案裁判中根据具体情况酌定增加。另外，如果无法证实或确定上述因素，则可适用《民法典》第1172条的规定，由各个侵权人平均承担赔偿责任。①

污染物的种类即为导致损害结果的污染物的具体类型。污染物分类有不同标准，比如按受污染物影响的环境要素可分为大气污染物、水体污染物、土壤污染物等；按污染物的性质可分为化学污染物、物理污染物和生物污染物。本条所考虑的污染物种类主要是针对不同种类的污染物所能造成的危害后果和程度不同，有的污染物具有更大的

---

① 参见山东省高级人民法院（2014）鲁民一终字第577号民事判决书。

危险性，有的直接导致损害发生，有的则需结合其他物质。比如为了强调污染物的危害性，尤其是对人体的危害，可划分出致畸物、致突变物和致癌物、可吸入的颗粒物以及恶臭物质等。

污染物的浓度即为单位体积内所含致害污染物的量。浓度对于损害结果会产生较大的影响，污染物浓度超过一定限值后会对生态系统造成损害，进而对动植物产生伤害。通常而言，浓度越高，造成的损害结果就越严重。

污染物的排放量即为污染源排入环境的某种污染物的数量，是污染物产生量与污染物削减量之差。它是总量控制或排污许可证中进行污染源排污控制管理的指标之一。污染物排放量的计算方法有很多，比如实测法、物料衡算法等，可以根据具体情况选择合适的计算方法。但是，如果无法查明排放量的真实情况，可以通过一定方式予以推定。①

如前所述，生态破坏行为的方式在实践中大致包括：因围堰及开挖航道、疏浚淤泥占用滩涂及海域，造成天然渔业资源受损；开矿导致土地塌陷、地下水位下降、苗木死亡；开采矿石并将弃石倾倒或长期滥砍滥伐林木，造成林地原有植被严重毁坏，破坏了山体生态环境；建设工程未经批准占用林地、改变林地用途，对生态环境造成损害；采砂行为破坏了浅滩原有的海底地形、地貌，失去原有的阻挡波浪直接冲击海岸的天然屏障作用，造成海岸被海浪大量侵蚀。另外还可能包括不合理引入新物种、毁灭物种、过度放牧、毁林垦荒造田等。破坏生态的范围是指导致生态破坏的面积、领域。破坏生态的程度是指生态遭受破坏的严重程度。行为对损害后果所起的作用是指污染行为或破坏行为对损害后果的产生所起到的作用大小。

污染物的种类、浓度、排放量，破坏生态的方式、范围、程度，

---

①　比如"环保联合会诉常隆等公司环境污染侵权赔偿纠纷案"，由于无法准确查明数个侵权人各自倾倒的副产酸数量，则按照各公司销售副产酸的比例确定各自被倾倒的副产酸数量。参见江苏省高级人民法院（2014）苏环公民终字第00001号民事判决书。

以及行为对损害后果所起的作用等因素，属于损害行为的具体情况，可以适用《最高人民法院关于审理环境民事公益诉讼案件适用法律若干问题的解释》第 13 条的规定，即原告请求被告提供其排放的主要污染物名称、排放方式、排放浓度和总量、超标排放情况以及防治污染设施的建设和运行情况等环境信息，法律、法规、规章规定被告应当持有或者有证据证明被告持有而拒不提供，如果原告主张相关事实不利于被告的，人民法院可以推定该主张成立。做如此推定，进一步减轻了被侵权人的证明负担。

二　环境污染与生态破坏责任中的第三人过错问题

（一）《民法典》第 1233 条的基本情况

《民法典》第 1233 条规定了环境侵权中的第三人过错，即"因第三人的过错污染环境、破坏生态的，被侵权人可以向侵权人请求赔偿，也可以向第三人请求赔偿。侵权人赔偿后，有权向第三人追偿"。

《民法典》第 1233 条直接来源于《侵权责任法》第 68 条的规定。但是，各部环境类单行法律与此规定有所不同。比如，在 1982 年《海洋环境保护法》中，第 44 条第 2 款规定"完全是由于第三者的故意或者过失造成污染损害海洋环境的，由第三者承担赔偿责任"。此后该法的四次修订（包括最近一次 2017 年的修订）都继续沿用 1982 年的条款。① 在 1984 年《水污染防治法》中，第 41 条第 3 款规定"水污染损失由第三者故意或过失所引起的，第三者应当承担责任"，1996 年的修订继续沿用此规定。而在 2008 年修订后的《水污染防治法》中，第 85 条第 4 款对上述第 41 条的规定做了修改，规定"水污

---

① 在一些海洋环境保护的法规中，《海洋环境保护法》的这条规定得以沿用，比如《防治船舶污染海洋环境管理条例》第 50 条、《海洋倾废管理条例》第 15 条第 3 款等。

染损害是由第三人造成的，排污方承担赔偿责任后，有权向第三人追偿"。① 2017 年修订的《水污染防治法》继续沿用此规定。较之该法修订前以及《海洋环境保护法》的规定，新的《水污染防治法》在第三人过错致害情况下明确规定了排污方应当承担责任，而非致害的第三人，对第三人则有追偿权。这个规定虽然与《侵权责任法》第 68 条并不完全相同，但在责任承担以及风险配置机制方面具有一致性。《最高人民法院关于审理环境侵权责任纠纷案件适用法律若干问题的解释》第 5 条第 3 款在《侵权责任法》的基础上肯定了污染者不得以第三人的过错污染环境造成损害为由主张不承担责任或者减轻责任。《民法典》第 1233 条采纳了《侵权责任法》以及相关司法解释的规定。

在《民法典》编纂中，除语言表述稍微调整之外，第 1233 条的主要规范内容并未有改变。该条的规范目的是在因第三人的过错污染环境、破坏生态的情况下赋予被侵权人请求损害赔偿救济的选择权以及侵权人的追偿权。

第三人过错是否为环境污染和生态破坏责任的抗辩事由，在我国理论界存有一定的争议。有的观点持肯定的态度，认为在第三人的过错造成污染环境、破坏生态的情况下，被告可以以此抗辩免责，其原因在于损害后果完全是由第三人的过错所致，第三人的过错是造成损害后果的唯一原因，而被告的行为与损害后果之间并无因果关系。对此，《海洋环境保护法》一直持肯定的态度。② 在《侵权责任法》的制订过程中，也有观点认为第三人的过错是一个非常重要的抗辩事

---

① 对于该条的解释，参与该法立法的人员认为，不排除当事人直接要求造成水污染损害的第三人承担责任。如果受害人能够找到造成水污染损害的第三人，而且第三人有赔偿能力的，受害人也可以直接起诉该第三人，要求赔偿损失。也就是说，被侵权人可以根据情况选择向排污方主张赔偿，也可以选择向第三人主张赔偿。参见安建、黄建初主编《中华人民共和国水污染防治法释义》，法律出版社 2008 年版，第 150 页。

② 参见曹明德《环境侵权法》，法律出版社 2000 年版，第 196 页；蔡守秋《环境法教程》，法律出版社 1995 年版，第 253 页。

由，完全由第三人过错所造成的损害，原则上应由第三人承担责任，行为人或者致害物件的所有人可以主张免责。① 而有的观点则持否定态度，即因第三人的过错致害，基于环境侵权救济的特性，不应将其作为抗辩事由。②

从《民法典》第 1233 条的规定来看，《民法典》并未对第三人的过错作为抗辩理由予以肯定，但也未将责任完全归由侵权人来承担，而是赋予侵权人在承担赔偿责任后向第三人的追偿权。

《民法典》第 1233 条做这样的配置对涉及环境侵权法律关系的各方而言最为公平合理。之所以规定被侵权人的选择权，一是因为在第三人过错导致损害的情况下，就被侵权人而言，相较于未知的第三人，向侵权人主张损害赔偿通常更为有利和方便。二是因为在实践中涉事民事主体通常是大企业，具备较强的赔偿能力，同时也会通过购买保险分散风险。而第三人的身份则不确定，在很多情况下是个人，其赔偿能力较弱。如果否定被侵权人的选择权，仅能向第三人主张责任的承担，那么被侵权人的损失获得赔偿的可能性就大大减小。被侵权人通过向侵权人主张责任承担，还可以促使侵权人在日常生产中不断提高注意力、增强防备，尽可能减少基于第三人的原因导致环境污染或生态破坏事件的发生，能够在很大程度上起到保护环境的作用。另外，通过赋予涉事民事主体向有过错的第三人以追偿权，最终落实了"污染者负担"的基本原则，可以很好地平衡救济与追责之间的关系。

同时，在环境污染或生态破坏情况下，第三人的过错不作为抗辩

---

① 参见全国人大常委会法制工作委员会民法室编著《侵权责任法立法背景与观点全集》，法律出版社 2010 年版，第 131 页。

② 参见张力、郑志峰《侵权责任法中的第三人侵权行为》，《现代法学》2015 年第 1 期；张梓太《环境民事纠纷处理制度障碍分析》，载张梓太《环境纠纷处理前沿问题研究——中日韩学者谈》，清华大学出版社 2007 年版，第 10 页；张民安、梅伟《侵权法》，中山大学出版社 2008 年版，第 381 页；彭本利《第三人过错不应作为环境污染民事责任的抗辩事由》，《法学杂志》2012 年第 5 期。

理由也是无过错责任使然。无过错责任的设置是对不幸损害的合理分配。① 与过错责任不同，无过错责任是在强弱对比的前提下确立的，其基本理念并非对具有"反社会性"行为的制裁，不是对侵权人行为的否定性评价。② 废水、废气、废渣等污染物质的排放以及某种可能造成生态破坏的采挖掘等活动都是现代社会中必要的生产活动，在很多情况下并不涉及违法问题。从事现代化生产的潜在环境侵权人负有谨慎的注意义务，当拥有可能造成危险的污染物质或者从事可能破坏生态的活动时，应当采取尽可能完备的安全防范措施，比如对污染物进行妥善的保管、对可能产生破坏的活动领域做出限制等，以防止生态环境损害的发生。如果违反了上述义务而导致损害的产生，那么侵权人就应该向被侵权人承担损害赔偿责任。其根本原因在于侵权人制造了危险并且该危险得以现实化，成为他人所遭受的损害。侵权人负有控制并防范危险现实化的义务，第三人的过错行为当然属于侵权人需要控制与防范的危险。③ 那么，即便损害完全是由第三人的过错行为所致，责任人也不能免责。

另外，从环境类法律的相关规定来看，2017 年新修订的《海洋环境保护法》第 89 条规定的"完全由于第三者的故意或者过失，造成海洋环境污染损害的，由第三者排除危害，并承担赔偿责任"，主

---

① 参见王泽鉴《侵权行为》，北京大学出版社 2009 年版，第 14 页以下。

② 参见程啸《论侵权法上的第三人行为》，《法学评论》2015 年第 3 期。

③ 在"韩国春、中国石油天然气股份有限公司吉林油田分公司水污染责任纠纷"案中，这个理由也被写入判决书中。最高人民法院认为，排放污染物行为，不限于积极的投放或导入污染物质的行为，还包括伴随企业生产活动的消极污染行为。废弃油井是油气勘探开发作业中的必然产物，由于技术、自然风险或者人为因素，废弃油井可能发生井喷、溢油、爆炸燃烧以及缓慢外泄、污染地下水层等情形，可能造成他人的人身损害、财产损失、环境损害风险或实质损害。根据预防优先及污染者负担原则，废弃油井的所有者或控制者应当按照法律的规定，采取措施对污染源进行有效的控制和风险防范，对因污染行为造成他人人身损害、财产损失及环境损害的，应当予以赔偿，进行环境治理。中石油吉林分公司是废弃油井的所有者，无论其过错是否导致废弃油井原油泄漏流入韩国春的鱼塘，其均应对污染行为造成的损失承担侵权损害赔偿责任。参见最高人民法院（2018）最高法民再 415 号民事判决书。

要是受我国加入的 1992 年《国际油污损害民事责任公约》和 2001 年《国际燃油污染损害民事责任公约》的影响，其中规定了"完全由于第三人故意造成损害的行为或不为所引起的损害，船舶所有人不承担油污损害责任"。但是，这两部公约所涉及的问题仅限于船舶油污致害事件，而不涉及其他的海洋污染问题。而且，这两部公约的立法模式是缔约各方妥协的结果，是在当时条件下能够达成的最高程度的严格责任立法，目的是得到最大范围的接受，以便实现国际上的统一，但其自身引起了很多的争议。①《水污染防治法》等其他环境单行法不存在上述问题，从修订情况来看，修订后的条款大多否定了以第三人过错作为抗辩理由。

（二）第三人及其过错

第三人是指除环境污染行为或生态破坏行为人和被侵权人之外的民事主体。该第三人并非环境污染行为或生态破坏行为的直接实施者，与被侵权人和侵权人之间也不存在法律上的隶属关系，如雇佣关系、劳务关系等。②

第三人的过错是指第三人对环境污染、生态破坏的发生并致被侵权人的损害具有过错，包括故意或过失。第三人和侵权人之间并不存

---

① 在有些案件中，比如"上海晟敏投资集团有限公司、普罗旺斯船东 2008 - 1 有限公司申请设立海事赔偿责任限制基金再审案"，最高人民法院认为，最高人民法院《关于审理船舶油污损害赔偿纠纷案件若干问题的规定》第 4 条关于"船舶互有过失碰撞引起油类泄漏造成油污损害的，受损害人可以请求泄漏油船舶所有人承担全部赔偿责任"的规定，主要沿袭 2001 年《国际燃油污染损害民事责任公约》等有关国际条约不涉及第三人责任之意旨，并无排除其他有过错者可能承担责任之意，对该条文做通常理解也显然不能得出受损害人仅可以请求漏油船舶所有人承担责任或者受损害人不可以请求其他有过错者承担责任的结论。参见最高人民法院（2018）最高法民再 367 - 370 号民事判决书。

② 如果第三人与侵权人之间存在雇佣关系，则适用《民法典》第 1191 条。比如在"铜仁市铜鑫汞业有限公司、内蒙古伊东集团东兴化工有限责任公司环境污染责任纠纷"案中，关于张家良的责任问题，因其系铜鑫公司的业务员，根据《侵权行为法》第 34 条"用人单位的工作人员因执行工作任务造成他人损害的，由用人单位承担侵权责任"的规定，其行为后果由铜鑫公司承担。参见河南省高级人民法院（2017）豫民终 232 号民事判决书。

在任何的意思联络。① 如果第三人与侵权人之间有意思联络，则构成共同侵权，不属于《民法典》第1233条的调整范围。

第三人的过错在实践中分为两种情况，一种是第三人实施侵权行为是损害发生的全部原因，另一种是第三人实施侵权行为是损害发生的部分原因。

就第一种情况而言，侵权人与损害后果之间并无法律上的因果关系，但存在行为、客体或主体上关联的侵权行为。对于这类侵权行为，本应由第三人单独承担侵权责任，但考虑到此类事件的特殊性，让侵权人与第三人承担不真正连带责任。②

就第二种情况而言，第三人的过错行为与侵权人的直接致害行为共同造成最终的损害后果，第三人与侵权人对损害的发生都有过错，这原本属于多数人侵权行为的范畴，应当适用《民法典》第1231条的规定。但是，考虑到方便被侵权人的救济，仍适用不真正连带责任，可以由被侵权人选择。基于此，《最高人民法院关于审理环境侵权责任纠纷案件适用法律若干问题的解释》第5条第2款规定，被侵权人请求第三人承担赔偿责任的，应当根据第三人的过错程度确定其相应赔偿责任。③

---

① 在司法实践中，对是否存在意思联络的判断，可以从相关当事人之间的交往情况做出。比如在"新余市博凯再生资源开发有限责任公司与凌勇、杨志坚追偿权纠纷"案中，法官先认定该案中第一、二、三被告分别是景源分公司的业务经理、实际负责人、企业登记信息的负责人，均属于景源分公司的从业人员，不属于《侵权责任法》第68条规定的第三人。而对于第四被告否认为《侵权责任法》第68条规定的第三人的理由是"原告的生意合作伙伴"，其原因在于长期的生意合作对实施排放污染活动具有意思联络。参见江西省新余市渝水区人民法院（2018）赣0502民初7055号民事判决书。

② 在司法实践中，"不真正连带责任"的表述也经常被使用。比如辽宁省盘锦市中级人民法院（2019）辽11民终446号民事判决书。

③ 比如"沈阳透平机械股份有限公司与淮安润尔华化工有限公司、沈阳鼓风机集团股份有限公司财产损害赔偿纠纷案"，透平机械公司生产的压缩机存在质量缺陷而发生故障，致使润尔华公司所有生产线全线停机，并发生有毒气体泄漏的污染事件，周边群众多人入院治疗。润尔华公司向淮安市青浦区浦楼街道办事处支付污染赔偿款696000元，润尔华公司因事故所造成的污染赔偿损失为30万元并判令由透平机械公司予以赔偿。参见最高人民法院（2014）民申字第324号民事裁定书。

（三）被侵权人的选择权与侵权人的追偿权

因第三人的过错污染环境或破坏生态造成损害后果的，被侵权人可以基于自己的利益考虑，通常是举证的便利以及最终执行的方便，既可以向侵权人请求赔偿，也可以向第三人请求赔偿。另外，在诉讼中，请求并非绝对的二选一关系，而是可以同时起诉。根据《最高人民法院关于审理环境侵权责任纠纷案件适用法律若干问题的解释》第5条第1款的解释，被侵权人可以分别或者同时起诉污染者、第三人。如果第三人的身份无法确认，被侵权人则向侵权人主张赔偿。[①] 另外，被侵权人能否请求侵权人和第三人承担连带责任？由于连带责任在没有法律规定或合同约定的情况下不得产生，因此应当按照《民法典》第1233条的规定，侵权人和第三人不承担连带责任。

如果被侵权人选择要求侵权人承担责任，那么侵权人在承担全部赔偿责任后，有权向第三人进行追偿，由第三人成为终局的责任人。追偿权只能向符合条件的第三人主张，否则不予确认。

如果被侵权人向侵权人或者第三人主张损害赔偿，则原被告双方应根据《民法典》第1230条的规定承担举证责任。如果侵权人在承担赔偿责任后向第三人追偿，应当由侵权人证明第三人存有过错促成了侵权人的侵权行为，否则不能进行追偿。[②]

---

① 参见最高人民法院（2018）最高法民再415号民事判决书。
② 参见北京市第三中级人民法院（2017）京03民初177号民事判决书。

结　语

　　本书主要以《民法典》及相关规范为基础，研究环境污染与生态破坏责任，旨在解析该类责任的规则如何妥当应用。但是，本书并不仅限于对具体规则的释义，更在于说明传统的侵权损害体系在面对环境危机下的损害事件时存在一定的障碍，要妥当解决目前面临的问题，需要在一定程度上对其进行调整。风险社会的认知与社会政策的接受，为转变生态环境损害救济思维提供了前提。整体主义环境哲学的渐受与法学理论对生态系统的重视，为其确立了"生态系统完整性"的核心。社会组织结构体现为弥散性团结，作为承载者的保险、基金等中介组织成为分担损害的社会基础。与个人消极对抗侵害不同，中介组织具有积极的抵御风险能力。在这些理论认知的基础上，应当看到环境侵权与普通民事侵权的差别，这不仅体现为侵害行为的不同，更体现为公益与私益的差别。对此，环境侵权案件应分为三类，即环境污染侵害个人私益的纠纷、环境污染或生态破坏侵害环境公益的纠纷、环境污染或生态破坏侵害个人私益与环境公益的纠纷。对不同类型案件的裁判应当根据各自的特性适用不同的处理规则。

　　对于侵害环境公益损害类型，生态环境本身的损害不同于传统的民事损害，具有整体性、系统性等特质。这就决定了对损害的判断，不能仅以单一环境要素标准的降低为准，更重要的是生态系统服务能力的退化；不能局限于从传统侵权法视角观察，而应充分考虑侵权损害后果的公共性。除了生态环境本身的损害之外，在侵害环境公益损害类型中更为重要的是群体性健康损害。与普通的民事侵害健康权不同，在大规模环境污染事件中，非健康状态呈多样化表现：不仅有普通的疾病型、个体型健康损害，更突出地表现为健康隐患以及群体型健康损害。这种复杂的非健康状态背后的利益归属难以由仅体现消极属性的民法健康权所涵盖，更需要宪法层面对健康权进行积极确认与维护，同时在实证法上不断吸纳跟随社会发展的人权中的健康内容。基于健康权利的多元化属性以及侵害后果的严重性甚至不可逆性，对其保护不能仅限于事后的救济，更需要寻求环境健康风险的积极预防与控制。

侵害环境公益损害的责任承担方式也与传统侵权法不同。"修复生态环境"在救济对象、标准、方式等方面与传统的"恢复原状"存在很大差异。在司法实践中，应避免对生态环境"原有状态"的机械理解，需要根据受损环境的具体情况确定生态恢复的范围和规模。修复应注意技术性与法律性的妥当协调，不能完全依赖技术指标，而忽视法律的价值引导。基于修复范围、标准、方式、方案的限定和筛选，裁判中的修复要求应做出尽可能精确的妥当表达。

就规范体系而言，虽然民法典已经完成了整个体系的构建以及具体规则的设置，但在未来仍然要处理好法典与单行法之间"稳固"与"扩张"的关系，即要维护好侵权构成的基本体系，不能为了应付某个需求而盲目扩张，否则会导致体系紊乱。应对环境保护的需要，民法典需要在一定程度上修正其传统。但是民法典仍应坚守其固有特质，对其"绿色化"应有限制。在民法典之外，需要依靠环境法律规范提供更为全面的综合保护。民法典与环境法律规范应当实现对生态环境的"共治"，也就是民法典通过妥当地融入环境保护理念实现其应尽的环保功能，同时环境规范通过相关规则的设置实现与民法典整体的衔接，共同实现对环境污染与生态破坏责任的协同应对。

参考文献

一 著作

《环境科学大辞典》，中国环境科学出版社 2008 年版。

安建、黄建初主编《中华人民共和国水污染防治法释义》，法律出版社 2008 年版。

蔡守秋：《环境法教程》，法律出版社 1995 年版。

蔡运龙：《自然资源学原理》，科学出版社 2007 年版。

曹明德：《环境侵权法》，法律出版社 2000 年版。

曾世雄：《损害赔偿法原理》，中国政法大学出版社 2001 年版。

陈甦主编《民法总则评注》（上册），法律出版社 2017 年版。

陈现杰主编《中华人民共和国侵权责任法条文精义与案例解析》，中国法制出版社 2010 年版。

陈兴良：《规范刑法学》（上册），中国人民大学出版社 2008 年版。

程啸：《侵权责任法》，法律出版社 2011 年版。

崔建远：《物权：规范与学说——以中国物权法的解释论为中心》，清华大学出版社 2011 年版。

何连生等：《重金属污染调查与治理技术》，中国环境出版社 2013 年版。

扈纪华编《民法总则起草历程》，法律出版社 2017 年版。

黄立：《民法债编总论》，中国政法大学出版社 2002 年版。

黄茂荣：《法学方法与现代民法》，中国政法大学出版社 2001 年版。

黄薇主编《中华人民共和国民法典侵权责任编解读》，中国法制出版社 2020 年版。

梁慧星：《民法总论》，法律出版社 2007 年版。

梁慧星主编《中国民法典草案建议稿附理由·总则编》，法律出版社 2013 年版。

吕忠梅：《环境法新视野》，中国政法大学出版社 2000 年版。

高鸿钧、王明远主编《清华法治论衡》第 13 辑，清华大学出版社 2010 年版。

吕忠梅等：《环境铅、镉污染人群健康危害的法律监管研究》，上海交通大学出版社 2016 年版。

吕忠梅等：《环境司法专门化：现状调查与制度重构》，法律出版社 2016 年版。

吕忠梅等：《环境损害赔偿法的理论与实践》，中国政法大学出版社 2013 年版。

邱聪智：《民法研究（一）》，中国人民大学出版社 2002 年版。

全国人大常委会办公厅、中共中央文献研究室编《人民代表大会制度重要文献选编（四）》，中国民主法制出版社、中央文献出版社 2015 年版。

全国人大常委会法制工作委员会民法室编著《侵权责任法立法背景与观点全集》，法律出版社 2010 年版。

全国人大常委会法制工作委员会民法室编著《中华人民共和国侵权责任法解读》，中国法制出版社 2010 年版。

全国人大常委会法制工作委员会民法室编著《中华人民共和国侵权责任法条文说明、立法理由及相关规定》，北京大学出版社 2010 年版。

全国人大常委会法制工作委员会民法室编著《中华人民共和国民事诉

　　讼法解读》，中国法制出版社 2012 年版。

沈德咏主编《最高人民法院环境侵权纠纷司法解释理解与运用》，人
　　民法院出版社 2016 年版。

苏永钦：《寻找新民法》，北京大学出版社 2012 年版。

孙儒泳等：《基础生态学》，高等教育出版社 2002 年版。

汪劲：《环境法学》，北京大学出版社 2014 年版。

王家福主编《民法债权》，法律出版社 1991 年版。

王利明：《民法总则研究》，中国人民大学出版社 2012 年版。

王利明：《侵权责任法研究》，中国人民大学出版社 2016 年版。

王利明：《人格权法研究》，中国人民大学出版社 2005 年版。

王泽鉴：《侵权行为》，北京大学出版社 2009 年版。

王泽鉴：《损害赔偿》，北京大学出版社 2017 年版。

王振刚主编《环境医学》，北京医科大学出版社 2001 年版。

谢在全：《民法物权论》（上册），中国政法大学出版社 2011 年版。

杨立新：《侵权责任法：条文背后的故事与难题》，法律出版社 2011
　　年版。

张民安、梅伟：《侵权法》，中山大学出版社 2008 年版。

张新宝：《侵权责任法原理》，中国人民大学出版社 2005 年版。

张梓太：《环境纠纷处理前沿问题研究——中日韩学者谈》，清华大学
　　出版社 2007 年版。

周宗灿：《环境医学》，中国环境科学出版社 2001 年版。

朱岩：《侵权责任法通论》，法律出版社 2011 年版。

竺效：《生态损害综合预防和救济法律机制研究》，法律出版社 2016
　　年版。

竺效主编《环境公益诉讼实案释法》，中国人民大学出版社 2018 年版。

最高人民法院环境资源审判庭：《最高人民法院〈关于环境民事公益
　　诉讼司法解释〉理解与适用》，人民法院出版社 2015 年版。

最高人民法院环境资源审判庭编《环境资源审判指导》，人民法院出版社 2015 年版。

最高人民法院侵权责任法研究小组编《〈中华人民共和国侵权责任法〉条文理解与适用》，人民法院出版社 2010 年版。

最高人民法院物权法研究小组编《〈中华人民共和国物权法〉条文理解与适用》，人民法院出版社 2007 年版。

二　论文

白江：《我国应扩大惩罚性赔偿在侵权责任法中的适用范围》，《清华法学》2015 年第 3 期。

曹明德、徐以祥：《中国民法法典化与生态保护》，《现代法学》2003 年第 4 期。

陈爱武、姚震宇：《环境公益诉讼若干问题研究——以生态环境损害赔偿制度为对象的分析》，《法律适用》2019 年第 1 期。

陈景辉：事实的法律意义，《中外法学》2003 年第 6 期。

陈仁杰、阚海东：《雾霾污染与人体健康》，《自然杂志》2013 年第 5 期。

陈太明：《规范对于事实与价值二分的弥合》，《伦理学研究》2013 年第 4 期。

陈伟：《环境标准侵权法效力辨析》，《法律科学》2016 年第 1 期。

陈伟：《环境质量标准的侵权法适用研究》，《中国法学》2017 年第 1 期。

陈伟：《疫学因果关系及其证明》，《法学研究》2015 年第 4 期。

程啸、王丹：《损害赔偿的方法》，《法学研究》2013 年第 3 期。

程啸：《多人环境污染损害中的因果关系形态及责任承担》，《暨南学报》（哲学社会科学版）2014 年第 2 期。

程啸：《论侵权法上的第三人行为》，《法学评论》2015 年第 3 期。

程啸:《论未来我国民法典中损害赔偿法的体系建构与完善》,《法律科学》2015 年第 5 期。

程雨燕:《环境罚款数额设定的立法研究》,《法商研究》2008 年第 1 期。

崔建远:《关于恢复原状、返还财产的辨析》,《当代法学》2005 年第 1 期。

崔建远:《论归责原则与侵权责任方式的关系》,《中国法学》2010 年第 2 期。

冯洁语:《公私法协动视野下生态环境损害赔偿的理论构成》,《法学研究》2020 年第 2 期。

冯平:《杜威价值哲学之要义》,《哲学研究》2006 年第 12 期。

高丙中:《社团合作与中国公民社会的有机团结》,《中国社会科学》2006 年第 3 期。

高地等:《中国生态系统服务的价值》,《资源科学》2015 年第 9 期。

贺剑:《绿色原则与法经济学》,《中国法学》2019 年第 2 期。

胡卫:《环境污染侵权与恢复原状的调适》,《法学论坛》2015 年第 1 期。

胡学军:《环境侵权中的因果关系及其证明问题评析》,《中国法学》2013 年第 5 期。

胡艳香:《环境责任保险制度的正当性分析》,《法学评论》2011 年第 5 期。

黄奕祥:《健康管理:概念界定与模型构建》,《武汉大学学报》(哲学社会科学版)2011 年第 6 期。

蒋月、林志强:《健康权观源流考》,《学术论坛》2007 年第 4 期。

金煜:《腾格里沙漠污染公益诉讼未被受理因不符原告资格》,《新京报》2015 年 8 月 22 日。

蓝寿荣:《我国环境责任保险立法若干问题释疑》,《法学论坛》2013

年第 6 期。

劳东燕：《风险社会与变动中的刑法理论》，《中外法学》2014 年第 1 期。

劳东燕：《事实因果与刑法中的结果归责》，《中国法学》2015 年第 2 期。

李承亮：《侵权责任法视野中的生态损害》，《现代法学》2010 年第 1 期。

李承亮：《损害赔偿与民事责任》，《法学研究》2009 年第 3 期。

李丹：《环境损害惩罚性赔偿请求权主体的限定》，《广东社会科学》2020 年第 3 期。

李冬梅、韦经建：《论现代环境法面临的若干新问题——以美国环境法为视角》，《当代法学》2008 年第 3 期。

李昊：《对民法典侵权责任编的审视与建言》，《法治研究》2018 年第 5 期。

李树训：《回归裁判理性：明辨"生态环境服务功能的损失"》，《重庆大学学报》（社会科学版）2020 年第 2 期。

李兴宇：《生态环境损害赔偿磋商的性质辨识与制度塑造》，《中国地质大学学报》（社会科学版）2019 年第 4 期。

李艳芳、吴凯杰：《论检察机关在环境公益诉讼中的角色与定位——兼评最高人民检察院〈检察机关提起公益诉讼改革试点方案〉》，《中国人民大学学报》2016 年第 2 期。

李阳、金晶：《清镇环保法庭："第三方监督"确保案件执行力》，《人民法院报》2012 年 11 月 17 日。

李挚萍：《环境修复法律制度探析》，《法学评论》2013 年第 2 期。

李挚萍：《环境修复目标的法律分析》，《法学杂志》2016 年第 3 期。

廖福义：《界定健康与疾病的谱级指数论》，《医学与哲学》1990 年第 8 期。

林海鹏等：《我国环境污染健康损害补偿现状研究》，《中国人口·资源与环境》2013 年第 5 期。

刘静：《论生态损害救济的模式选择》，《中国法学》2019 年第 5 期。

刘仁文、焦旭鹏：《风险刑法的社会基础》，《政法论坛》2014 年第 3 期。

刘长兴：《环境侵权规则设计之偏差及矫正——基于环境侵权鉴定的分析》，《法商研究》2018 年第 3 期。

龙军：《浏阳镉污染悲剧是如何酿成的》，《光明日报》2009 年 8 月 11 日第 5 版。

龙卫球：《〈侵权责任法〉的基础构建与主要发展》，《中国社会科学》2012 年第 12 期。

吕忠梅、杨诗鸣：《美国环境与健康管理体制借鉴》，《中国环境管理》2018 年第 2 期。

吕忠梅、张宝：《环境问题的侵权法应对及其限度——以〈侵权责任法〉第 65 条为视角》，《中南民族大学学报》（人文社会科学版）2011 年第 2 期。

吕忠梅、张忠民、熊晓青：《中国环境司法现状调查——以千份环境裁判文书为样本》，《法学》2011 年第 4 期。

吕忠梅：《环境公益诉讼辨析》，《法商研究》2008 年第 6 期。

吕忠梅：《环境司法理性不能止于"天价"赔偿：泰州环境公益诉讼案评析》，《中国法学》2016 年第 3 期。

吕忠梅等：《中国环境司法现状调查——以千份环境裁判文书为样本》，《法学》2011 年第 4 期。

吕忠梅课题组：《"绿色原则"在民法典中的贯彻论纲》，《中国法学》2018 年第 1 期。

马强伟：《德国生态环境损害的救济体系以及启示》，《法治研究》2020 年第 2 期。

茅少伟：《寻找新民法典："三思"而后行——民法典的价值、格局与体系再思考》，《中外法学》2013 年第 6 期。

彭本利：《第三人过错不应作为环境污染民事责任的抗辩事由》，《法学杂志》2012 年第 5 期。

戚建刚：《论群体性事件的行政法治理模式——从压制型到回应型的转变》，《当代法学》2013 年第 2 期。

齐树洁：《我国公益诉讼主体之界定》，《河南财经政法大学学报》2013 年第 1 期。

石佳友：《治理体系的完善与民法典的时代精神》，《法学研究》2016 年第 1 期。

史长青：《科学证据的风险及其规避》，《华东政法大学学报》2015 年第 1 期。

宋亚辉：《环境管制标准在侵权法上的效力解释》，《法学研究》2013 年第 3 期。

孙宪忠：《我国民法立法的体系化与科学化问题》，《清华法学》2012 年第 6 期。

孙佑海、唐忠辉：《论数人环境侵权的责任形态——〈侵权责任法〉第 67 条评析》，《法学评论》2011 年第 6 期。

孙佑海、王倩：《民法典侵权责任编的绿色规制限度研究——"公私划分"视野下对生态环境损害责任纳入民法典的异见》，《甘肃政法学院学报》2019 年第 5 期。

谭启平：《符合强制性标准与侵权责任承担的关系》，《中国法学》2017 年第 4 期。

田开友：《健康权的贫困：内涵、根源和对策》，《中南大学学报》（社会科学版）2012 年第 5 期。

田其云、童丽：《室内家具污染致人损害的生产者责任研究》，《南京工业大学学报》（社会科学版）2018 年第 6 期。

王丽萍：《无意思联络环境污染者对外责任研究——以〈侵权责任法〉第 67 条为展开》，《政法论丛》2017 年第 1 期。

王利明：《惩罚性赔偿研究》，《中国社会科学》2000 年第 4 期。

王利明：《建立和完善多元化的受害人救济机制》，《中国法学》2009 年第 4 期。

王利明：《论产品责任中的损害概念》，《法学》2011 年第 2 期。

王利明：《民法典的时代特征和编纂步骤》，《清华法学》2014 年第 6 期。

王利明：《我国侵权责任法的体系构建——以救济法为中心的思考》，《中国法学》2008 年第 4 期。

王如松、欧阳志云：《社会—经济—自然复合生态系统与可持续发展》，《中国科学院院刊》2012 年第 3 期 。

王小钢：《生态环境修复和替代性修复的概念辨正——基于生态环境恢复的目标》，《南京工业大学学报》（社会科学版）2019 年第 1 期。

王兴利等：《环境损害鉴定评估领域难点探讨》，《中国环境管理》2019 年第 2 期。

王旭光：《环境损害司法鉴定中的问题与司法对策》，《中国司法鉴定》2016 年第 1 期。

王旭光：《论生态环境损害赔偿诉讼的若干基本关系》，《法律适用》2019 年第 21 期。

吴卫星：《环境权内容之辨析》，《法学评论》2005 年第 2 期 。

肖俊：《不可量物侵入的物权请求权研究——逻辑与实践中的〈物权法〉第 90 条》，《比较法研究》2016 年第 2 期。

肖巍：《公共健康伦理：概念、使命与目标》，《湘潭大学学报》（哲学社会科学版）2006 年第 3 期。

谢鸿飞：《民法典的外部体系效益及其扩张》，《环球法律评论》2018

年第 2 期。

邢婷：《"有牙齿"的环保法迎来首例大气污染公益诉讼》，《中国青年报》2015 年 3 月 27 日。

邢婷：《全国首例大气污染公益诉讼一审宣判》，《中国青年报》2016 年 7 月 21 日。

许明月：《论社会损害综合防控体系中的责任保险制度设计——基于损害救济与防控效率的社会成本分析》，《法商研究》2015 年第 4 期。

叶金强：《论侵权损害赔偿范围的确定》，《中外法学》2012 年第 1 期。

叶金强：《相当因果关系理论的展开》，《中国法学》2008 年第 1 期。

叶名怡：《论侵权预防责任对传统侵权法的挑战》，《法律科学》2013 年第 2 期。

尹志强：《侵权法的地位及与民法典各编关系的协调》，《华东政法大学学报》2019 年第 2 期。

尹志强：《侵权行为法的社会功能》，《政法论坛》2007 年第 5 期。

尤明青：《论环境质量标准与环境污染侵权责任的认定》，《中国法学》2017 年第 6 期。

曾华锋、王乐文：《甘肃徽县血铅超标事件调查》，《人民日报》2006 年 9 月 12 日。

张宝：《环境侵权诉讼中受害人举证义务研究——对〈侵权责任法〉第 66 条的解释》，《政治与法律》2015 年第 2 期。

张彪等：《基于人类需求的生态系统服务分类》，《中国人口·资源与环境》2010 年第 6 期。

张传有：《休谟"是"与"应当"问题的原始含义及其现代解读》，《道德与文明》2009 年第 6 期。

张俊岩：《风险社会与侵权损害救济途径多元化》，《法学家》2011 年第 2 期。

张力、郑志峰:《侵权责任法中的第三人侵权行为》,《现代法学》
　　2015 年第 1 期。

张敏纯:《论行政管制标准在环境侵权民事责任中的类型化效力》,
　　《政治与法律》2014 年第 10 期。

张铁薇:《侵权责任法与社会法关系研究》,《中国法学》2011 年第
　　2 期。

张新宝、岳业鹏:《大规模侵权损害赔偿基金:基本原理与制度构
　　建》,《法律科学》2012 年第 1 期。

张新宝、庄超:《扩张与强化:环境侵权责任的综合适用》,《中国社
　　会科学》2014 年第 3 期。

张新宝:《侵权责任编起草的主要问题探讨》,《中国法律评论》2019
　　年第 1 期。

张新宝:《侵权责任法立法:功能定位、利益平衡与制度构建》,《中
　　国人民大学学报》2009 年第 3 期。

赵东耀:《论健康需求的无限性与医学责任的有限性》,《医学与哲
　　学》2002 年第 5 期。

郑永宽:《论责任范围限定中的侵权过失与因果关系》,《法律科学》
　　2016 年第 2 期。

朱广新:《惩罚性赔偿制度的演进与适用》,《中国社会科学》2014 年
　　第 3 期。

竺效:《论环境侵权原因行为的立法拓展》,《中国法学》2015 年第
　　2 期。

竺效:《论无过错联系之数人环境侵权行为的类型——兼论致害人不明
　　数人环境侵权责任承担的司法审理》,《中国法学》2011 年第 5 期。

左传卫:《质疑侵权法中因果关系的二分法》,《法学》2007 年第 4 期。

三　外文译作

〔奥〕赫尔穆特·考茨欧、瓦内萨·威尔科克斯:《惩罚性赔偿金:

普通法与大陆法的视角》，窦海阳译，中国法制出版社 2012 年版。

〔德〕埃尔温·多伊奇、汉斯－于尔根·阿伦斯：《德国侵权法——侵权行为、损害赔偿及痛苦抚慰金》，叶名怡、温大军译，中国人民大学出版社 2016 年版 。

〔德〕迪特尔·梅迪库斯：《德国债法总论》，杜景林、卢湛译，法律出版社 2003 年版。

〔德〕卡尔·拉伦茨：《法学方法论》，陈爱娥译，商务印书馆 2001 年版。

〔德〕乌尔里希·贝克、伊丽莎白·贝克－格恩斯海姆：《个体化》，李荣山等译，北京大学出版社 2011 年版。

〔德〕乌尔里希·贝克：《风险社会》，何博闻译，译林出版社 2004 年版。

〔德〕乌尔里希·贝克：《世界风险社会》，吴英姿、孙淑敏译，南京大学出版社 2004 年版。

〔德〕考夫曼：《法律哲学》，刘幸义等译，法律出版社 2004 年版。

〔法〕埃米尔·涂尔干：《社会分工论》，渠东译，三联书店 2000 年版。

〔荷〕J. 施皮尔：《侵权法的统一·因果关系》，易继明等译，法律出版社 2009 年版 。

〔美〕E. P. 奥德姆：《生态学基础》，高等教育出版社 2008 年版。

〔美〕黑尔：《道德语言》，万俊人译，商务印书馆 2004 年版。

〔美〕卡尔·威尔曼：《真正的权利》，刘振宇等译，商务印书馆 2015 年版。

〔美〕罗尔斯顿：《环境伦理学》，杨通进译，中国社会科学出版社 2000 年版。

〔美〕希拉里·普特南：《理性、真理与历史》，童世骏、李光程译，

　　上海译文出版社 1997 年版。

〔美〕希拉里·普特南：《事实与价值二分法的崩溃》，应奇译，东方
　　出版社 2006 年版。

〔欧〕欧洲民法典研究组编著《欧洲私法的原则、定义与示范规则：欧
　　洲示范民法典草案》（第六卷），王文胜等译，法律出版社 2014
　　年版。

〔日〕棚濑孝雄：《现代日本的法和秩序》，易平译，中国政法大学出
　　版社 2002 年版。

〔日〕日本律师协会：《日本环境诉讼典型案例与评析》，皇甫景山
　　译，中国政法大学出版社 2011 年版。

〔英〕艾耶尔：《语言、真理与逻辑》，尹大贻译，上海译文出版社
　　1981 年版。

〔英〕边沁：《道德与立法原理导论》，时殷弘译，商务印书馆 2000
　　年版。

〔英〕波普尔：《开放社会及其敌人》（上卷），陆衡译，中国社会科
　　学出版社 1999 年版。

〔英〕休谟：《人性论》（下册），关文运译，商务印书馆 1997 年版。

〔欧〕欧洲侵权法小组主编《欧洲侵权法原则——文本与评注》，于
　　敏、谢鸿飞译，法律出版社 2009 年版。

图书在版编目(CIP)数据

环境污染与生态破坏责任论/窦海阳著. -- 北京：
社会科学文献出版社，2021.5
ISBN 978 - 7 - 5201 - 8274 - 4

Ⅰ.①环… Ⅱ.①窦… Ⅲ.①环境破坏 - 侵权行为 -
研究 - 中国 Ⅳ.①D922.680.4

中国版本图书馆 CIP 数据核字(2021)第 076205 号

环境污染与生态破坏责任论

著　　者／窦海阳

出 版 人／王利民
组稿编辑／刘骁军
责任编辑／易　卉
文稿编辑／郭锡超

出　　版／社会科学文献出版社·集刊分社(010)59367161
　　　　　　地址：北京市北三环中路甲 29 号院华龙大厦　邮编：100029
　　　　　　网址：www.ssap.com.cn
发　　行／市场营销中心 (010) 59367081　59367083
印　　装／三河市尚艺印装有限公司

规　　格／开　本：787mm × 1092mm　1/16
　　　　　　印　张：12.75　字　数：168 千字
版　　次／2021 年 5 月第 1 版　2021 年 5 月第 1 次印刷
书　　号／ISBN 978 - 7 - 5201 - 8274 - 4
定　　价／78.00 元